人物与社会的生动画卷

明清小说读写课

李国惊 著

电子科技大学出版社
University of Electronic Science and Technology of China Press
·成都·

图书在版编目（CIP）数据

明清小说读写课 / 李国惊著. -- 成都 : 成都电子科大出版社，2025. 8. -- ISBN 978-7-5770-1478-4

Ⅰ. I207.41

中国国家版本馆CIP数据核字第20257UM081号

明清小说读写课

MING-QING XIAOSHUO DU-XIE KE

李国惊　著

策划编辑　谢忠明
责任编辑　苏博麟
责任校对　谢忠明
责任印制　段晓静

出版发行　电子科技大学出版社
成都市一环路东一段159号电子信息产业大厦九楼　邮编 610051
主　　页　www.uestcp.com.cn
服务电话　028-83203399
邮购电话　028-83201495

印　　刷　成都新恒川印务有限公司
成品尺寸　170 mm×240 mm
印　　张　6.75
字　　数　100千字
版　　次　2025年8月第1版
印　　次　2025年8月第1次印刷
书　　号　ISBN 978-7-5770-1478-4
定　　价　38.00元

序

阅读：架起文本与生命的桥梁

李国惊校长在学校给高年级小学生上阅读课，根据上课内容写成了讲义，后又整理成书——《明清小说读写课》。因为我最近十多年一直关注阅读教育，所以李校长嘱托我为本书写篇序言。原以为这又是一次例行公事，谁知道读完之后，才发现他依据讲义内容写成的这本书竟如此有料、有趣、有用，一下子有惊艳的感觉了。

这本书从明清小说所产生的源头开始说起，让读者一下子就穿越到繁华而喧闹的宋代市井，感受到酒肆与勾栏瓦舍中说书人那夸张的表情、起伏的音调和精彩而勾人神魄的故事。就在不知不觉间，读者已经洞悉明清小说为什么有了那样的语言格调，为什么有了那样的叙事方式，也因此有了那样植根俗世生活而又不失浪漫美好的艺术魅力。而后文人雅士将时代因素加入小说创作之中，他们或玩票，或落魄，或为生活所迫，逐步成为优秀小说的写作主力，这让明清小说在保留市井生活强大吸引力的同时，多了一份雅致，多了一份深邃，更多了一份世间的沧桑与哲思；这也让明清小说愈发显现出不可阻挡的魅力，成为中国文学最高成就之一，成为中华优秀传统文化的活水源头之一。

在此之后，本书进入了重点内容部分，这部分讨论了四大名著，讨论了明清其他著名的小说，如“儒林外史”、“聊斋志异”等等。在每一部作品的讨论中，作者总是巧妙地讲述作者的人生经历，故事的源头、发展以及小说的内容结构与深刻、美妙之处。很显然，这就像一个对一本本著作有着深刻理解的熟练的导游，引导读者逐步走进小说，走进故事，走进那个时代。经历这个过程，对明清小说的阅读就在不知不觉中进入一个自然而深刻的境界。这本书的文字是如此通俗易懂，就如明清小说的白话文那样淡雅而美好；这本书所蕴涵的作品分析和理解经历了不知多少的写作沉淀，就如一壶顺口的淳厚老酒，喝下去，微醺，头脑却是醒着的。

本书的书名中有“读写课”三个字，由此我想本书除了对明清小说阅读进行普及之外，更为重要的作用是对学生阅读明清小说进行引领。从本书的行文中，不难看出作者的意图是对现有教材和读物上有关明清小说的阅读进行补充，比如有关文本的来历、小说写作上的小故事、有关小说内容的来源、一些内容的简介以及一些重要人物的分析等等，这不仅可以拉近明清小说与学生的距离，也让他们能够更好地深入其中。因此，本书可以作为教师很好的资料和教学参考用书，语文教师需要仔细阅读后融会贯通，而后方能自由地引导学生；本书也是孩子们的一本自学参考书，通过引人入胜的文字，孩子们可以逐步深入到明清小说的精髓中去，甚至不需要教师做太多的教导。因此，在本书的用法上，我个人的建议是以学生的自读为主，教师加上一些简单的提醒，引导他们注意到那些非常重要然而又容易被忽略的地方，从而让他们的理解变得更加深刻。

海德格尔说，“理解是存在之家”，就是我们能够通过阅读更好地反思生活、丰富生命，让自身的存在变得更有意义。明清小说源于生活、发于市井而又具有历史的深度和生命的厚度，是读者可以获取更加深刻、更加丰富的生命和社会实相的路径。然而明清小说毕竟距离今天有些时间了，时空的隔膜成为孩子们从小说中获取生活经验和生命体验的一道鸿沟。这本《明清小说读写课》通过平易的语言和生动的细节，成功地架起了从当下走向历史而又不断回归当下的桥梁。可以预见，通过这个桥梁，学生会在阅读明清小说的过程中了解更加丰富的世界，探索更多有关生活和生命的规律，收获促进其生命生长的力量!

此为序!

于泽元

2024年10月于西南大学桃花山

于泽元：西南大学国际学院院长，博士生导师，教育部义务教育课标修订方案组、综合组专家。

目　　录

第一课　井喷而出的明清小说

第一节　源于茶肆酒楼的生动话本

“列位看官，你道此书从何而来？说起根由虽近荒唐，细按则深有趣味。……那女娲氏炼石补天之时，于大荒山无稽崖炼成高经十二丈、方经二十四丈顽石三万六千五百零一块。娲皇氏只用了三万六千五百块，只单单剩了一块未用，便弃在此山青埂峰下……”这是文学名著《红楼梦》的开头，“满纸荒唐言，一把辛酸泪”，说书人一拍惊堂木，故事就这样开始了。这样的情境，在300多年前中国的城市乡村，随处可见。只要随意走进一条街巷，就会听见拍惊堂木的响声，此起彼伏；茶肆酒楼的大堂前，说书人绘声绘色，娓娓道来，让坐下的客官听得津津有味，如同身临其境，神魂颠倒，沉浸于形形色色的人生和市井的传奇故事之中。

这是一种叫作“说书”的民间曲艺形式，也叫评书、评词或者评话，是我国自古有之的口头文学。它在宋代开始渐渐发展、繁荣。说书人把历史人物、社会故事，惊险曲折、生动精彩地演绎出来。那时，流行的有《梁山聚义》《三藏取经》《杨门忠烈》等历史故事；也有各种有趣并充满智慧的生活故事；有表达各种愿望的鬼怪精灵演绎；还有青年男女追求自由的爱情故事……丰富多彩，精彩纷呈。

从上古时代开始，广大民众就利用劳动的余暇时间，口头讲述神话传说故事，以满足文化生活需要。在唐代出现了描写奇闻异事及英雄故事的文言文传奇小说，如《聂隐娘》《虬髯客传》《枕中记》等。《聂隐娘》讲了这样一个故事：大将聂锋的女儿聂隐娘十岁时被一位尼姑施法术带到深山，在山洞里教她剑术，把她训练成为一名杀手。五年后，聂隐娘身怀绝技回到家中，因为她武艺高强，便发生了不少让人震撼的故事。故事人物生动、形象独特、个性鲜明，身怀绝世武功，后世不断有诗人作家对故事进行加工改编。几年前还被一位大导演改编为电影，用现代声光艺术和一流演员的传神表演，重现大唐盛世的人间面貌和武士风采，成为一部票房颇高的获奖片。

一些说书人为了把故事讲得更加精彩，吸引更多听众，让故事流传更广，会把自己说书的内容写下来。也有一些底层文人喜欢根据说书需要，对史书、文言笔记或者历史人物和故事进行改编，比如《大唐三藏取经记》就是取材于三藏法师西行的故事。文人成稿以后，专门供人讲说评书时使用，这就叫“话本”。说书者为吸引人总会尽量把故事讲得精彩，还会添油加醋，虚构许多神奇的内容。比如《大唐三藏取经记》里，唐僧取经路上遇见一“白衣秀才”，自称：“我是花果山紫云洞八万四千铜头铁额猕猴王。我今来助和尚取经。”有的添加了更丰富的故事情节，比如《大宋宣和遗事》中智取生辰纲、宋江杀阎婆惜、杨志卖刀等故事内容。“杨志卖刀”讲的是杨志与林冲、孙立等12人押运花石纲，相互帮衬，结拜为兄弟。返回途中，孙立被落下了，只好让其他兄弟先行，留下杨志等待孙立。大雪纷飞，久等孙立不来的杨志饥寒交迫，只得卖刀换钱，解决温饱。可是遇到一恶少，想要抢夺宝刀，武艺高强的杨志便杀了这个恶少。杨志因杀人被发配。后来，孙立约齐其他兄弟，杀了差役，救了杨志，十二人一同上太行山落草。虽然，这些故事语言比较粗直，人物形象也比较简单，缺少文学味道，但因为都是面对普通老百姓，所以都尽量通俗易懂、口语化，语言生动富于表演力。话本就是说书者或者写书者对故事进行提炼、加工，虚构人物和情节，让故事更加吸引人，逐渐形成的一种文学样式。

话本的这些特点让故事在民间广为流传，不再像唐诗宋词一样只是达官贵人、文人雅士们的孤芳自赏。所以虽然经历了各种战乱、朝代更迭等因素的影响，但说书艺术形式和话本还是被一直传承到元、明、清时代，直至今天。人们要么手抄笔录，要么口口相传，话本故事就这样从街头到巷尾，从城市到乡村，丰富了普通民众的生活，浸润了整个中华大地。这就像盘古开天地之前的混沌一直在孕育着一个新的世界，许多如璀璨星光般的文学大匠将在这个有着丰富底蕴的文学国度里挥洒自己的才能，又一个中国古代文学的辉煌时期即将到来。

第二节　为生活而表达的明清小说

文学即是人学。在我们这个蓝色的星球上，有人类，就会有文学。原始的人类在打猎、捕鱼、种植、收获或者游戏中，有了一种独特的体验和感受，就会想要表达，或大声讲述或手舞足蹈，他们会把这些看到的想到的画下来或者“结绳”记下来，这也是讲故事了。其实这也是文学的早期形态。文学就是这样来源于生活，并为生活的体验和感受而表达。中国历史上的《山海经》《诗经》《汉乐府》等，以及楚辞、离骚、唐诗、宋词等生动形象地“表达生活的体验和感受”。

在我们的小学语文教材里有这样一首《汉乐府》诗歌：“江南可采莲，莲叶何田田，鱼戏莲叶间。鱼戏莲叶东，鱼戏莲叶西，鱼戏莲叶南，鱼戏莲叶北。”读这首《汉乐府》中的诗歌，你一定能感受这样的情境和画面：夏末秋初的江南，人们在池塘或者河道里，欢乐地采莲。碧绿的莲叶浮出水面，挨挨挤挤，重重叠叠，迎风招展。小船载着欢快的人们在茂密如盖的荷叶间穿梭，荷叶上洒满了闪着光亮的珍珠般的小水滴，欢快的鱼儿也跟随着人们的欢笑在荷叶间嬉戏玩耍，一会儿在这儿，一会儿又忽然游到了那儿，说不清究竟是在东边，还是在西边，还是在南边，还是在北边。《汉乐府》就这样把江南人们愉悦的生活娓娓道来。

到了元末明初，文学中的很多诗词歌赋逐渐变味了，变得越来越脱离生活脱离民众了。相传有这样一个故事，明太祖朱元璋出宫巡察。看到雷雨刚停，一道彩虹高挂天空，景色异常美丽，不禁诗兴大发，随口吟道："谁把青红线两条，和云和雨系天腰？"朱元璋吟了两句，一时想不到合适的下句。有位叫彭有信的书生，见皇帝吟不下去，就随口续吟："玉皇昨夜銮舆出，万里长空架彩桥。"这两行诗句的意思是：因为昨天夜里玉皇大帝在天上乘了凤凰等神鸟驾驶的车子出行，所以在万里长空架起了一道彩虹。朱元璋听了彭有信的续句，大为满意。第二天就任命彭有信担任京城大官。故事中的彭有信足够机智，但诗真不是什么好诗，在空泛的内容中，只看见了一位卖弄炫耀和溜须拍马的虚假文人。他凭着一首诗歌，就当了大官。虽然这是一个传说故事，但也反映了当时的现实。于是，那时的文人雅士们，要么为了追逐功名，专注于死板教条的"八股文"，要么为了表现自己的高人一等热衷于藏头诗、循环诗等文字游戏，或艰涩难懂或卖弄炫耀或轻浮无聊……文学的审美功能失去了，不能被大众所接受，所谓"文学"离寻常百姓越来越远。

文学来源于生活，既表达人们对生活的看法，也表达人们的情感需要。元末明初时的很多诗词已经不能满足人们的表达和交流了（一是诗词等凝练的表达、短小的内容，已经不能承载更为丰富和广阔的社会生活。二是一些诗词由于前面所讲的原因离百姓越来越远）。真正普通的老百姓喜欢什么呢？人们喜欢在茶余饭后讲故事听故事，所以，话本作为一种百姓喜闻乐见的文学样式得到追捧。许多以文学为己任的文学大师以社会生活为源泉，在话本这个富饶的土壤里开启了文学创作的艰辛而卓越的历程。有的以话本为基础，在历史的河流中表达自己的理想和情感。如施耐庵根据《大宋宣和遗事》再创作的《水浒传》，罗贯中根据《三国志》及相关话本再创作的《三国演义》；还有以寻常百姓的口头故事为基础的再创造，如蒲松龄的《聊斋志异》、冯梦龙、凌濛初的“三言”“二拍”等；有的以自己生活为背景，把自己的独特感受和体验进行文学的全新创作，如曹雪芹的《红楼梦》、吴敬梓的《儒林外史》。无一例外，他们都努力追求用鲜明的形象、独特的情境、生动的故事来表达自己的内心。这些作家们都努力地表达真实的感情，塑造鲜明的形象，讲述生动的故事，与人民的内心高度共鸣。明清小说很快被广泛传播，走向广阔民间。

就这样，明清小说让传统文化以可感的形象和动人的故事这种形式走进了千家万户，就像一颗种子在中国五千年的文化土壤的滋润下成长为参天大树，大树上结满了一颗颗散发着历史馨香的果实，那样独特而鲜明。

第三节　精彩纷呈的明清长篇小说

在每一个午后或者黄昏，熙熙攘攘的人群便开始向一个叫“勾栏瓦舍”的场所聚集。“勾栏瓦舍”是宋元时期大城市固定的娱乐场所，如同现在的公园、影剧院、酒吧之类，是城市中带有商业性质的休闲、娱乐中心，是那时的“网红打卡地”。在这里，说书艺人正在向大家讲着一个个精彩的故事。

“话说岳飞带着牛皋等几位兄弟，穿戴整齐，骑着大马，直奔校场而去……”说书人正在精彩演绎《说岳全传》中“岳飞枪挑小梁王”的故事。说书人总是会用“话说”“且说”开始故事。这也成了听众们承接前面故事和开启新故事的桥梁。“枪挑小梁王”说的是为争夺武状元，小梁王暗地买通考试官员，对岳飞各种苛刻，但岳飞文武双全，最后枪挑小梁王的故事。下面的听众聚精会神，生怕漏掉了每一个细节。这些听众几乎每天都会按时到这里“打卡”。就像现在大家对喜欢的精彩电视连续剧

"追剧"一样，每天都在固定的时间等待精彩剧集的开播。当讲到岳飞枪挑小梁王后，与兄弟们一起杀出校场时，听众们齐声喝彩，接着又担心起岳飞的命运来。这时，说书人惊堂木一拍，"欲知后事如何，请听下回分解"。这一句又激起人们对明天故事的期待，欲罢不能。

"话说""欲知后事如何，且听下回分解"等，成了说书人开头引出人物和故事，结尾留下悬念的常用手法。

《说岳全传》描写了南宋初期，岳飞率"岳家军"抗击金军，却最终被秦桧等一班奸臣害死的英勇而悲剧的一生。大家都会为岳飞"待从头、收拾旧山河，朝天阙"的忠心为国精神所感召，又会为岳飞被奸臣所害，壮志难酬而痛彻心扉。全书描写了岳飞、岳云、杨再兴、牛皋等无数英雄的形象。"岳云大战金弹子""杨再兴误走小商河"等故事更是为大家所熟悉。那时说书的每一个精彩故事，被说书人称为"回"，一回就是一个精彩故事。《说岳全传》共有八十回，四十多万字。后人把这类小说称作章回体长篇小说。现在阅读这些长篇章回小说，你一定会觉得就像说书人在说书一样。

我们在阅读明清小说时，会发现优秀的长篇小说多以历史为背景。比如《三国演义》的东汉末年、三国争雄，《水浒传》《杨家府演义》的北宋时期，《说岳全传》的南宋时期，《西游记》的唐朝时期，等等。因为，中国是个有着几千年底蕴的国家，在岁月的长河当中，中华民族的祖先通过辛勤的劳动和汗水缔造出了璀璨的中华文明。中国的历史本来就是一座用之不竭的宝库。历史中的经验和教训总是给予我们后来人以帮助和警示。以前的宋元话本，往往也借古讽今，表达自己的想法。但过于追求情节离奇，语言粗糙，人物形象苍白无力。所以，明清时期，一大批文学大师在话本的基础上进行了创造性的改编，才让那些话本故事不仅流传，还登上了"大雅之堂"，成为了中国文学史上的重要里程碑。他们为后世长篇章回小说奠定了基础，也为后世长篇章回小说提供了范例。还有的明清时期的小说是作家依据自己的生活和经验选材、构思和描写，在作品中充分表现作者个人的意愿和理想的作品。例如曹雪芹、吴敬梓等文学大师创造出的全新的文学形象和故事。这些小说都深受广大人民群众的喜爱。

长篇小说在明清时期如同井喷一样得到了蓬勃发展，还逐渐演变为几个不同的类别。主要有以《水浒传》为代表的英雄传奇小说。以《说岳全传》《杨家府演义》等为代表的精忠报国的英雄传奇故事，也一直激励着中华民族的优秀儿女为国为民做出自己的贡献。还有以《西游记》为代表的神魔小说。除《西游记》外，比较有名的有《封神演义》，这部小说中姜子牙、哪吒的故事广为流传。还有以《三国演义》为代表的历史演义小说，《列国志传》《新列国志》《隋唐演义》等都较为有名。有以《儒林外史》为代表的讽刺小说，比如《老残游记》《官场现形记》等。有以《红楼梦》为代表的描写日常生活情感的世情小说，以后还演变为了才子佳人类的爱情小说。其中以清代李渔的才子佳人小说较为有名。还有一类公案小说，最著名的是《三侠五义》。全书主要叙述南侠展昭，北侠欧阳春，双侠丁兆兰、丁兆蕙，陷空岛的钻天鼠卢方，彻地鼠韩彰，钻山鼠徐庆，翻江鼠蒋平，锦毛鼠白玉堂等人协助包公平冤狱、“铡奸臣”“除藩王”等情节，塑造了大量包公断案和侠义之士游行乡里除暴安良、为国为民的故事。“包青天”包拯的形象深入人心。

自宋到明清时代产生了大约三百部长篇小说，表现了广阔的社会生活场景、丰硕的艺术创作成果和丰富的社会政治理想。明清长篇小说中所宣扬的仁义、忠孝、惩恶扬善等精神也影响着中国人的道德审美。明清时期的长篇小说创作深刻影响着后来的文学创作。鲁迅、巴金、茅盾、张爱玲、张恨水、莫言、金庸等近现代文学大师都在自己作品中，吸收了明清时期长篇小说的营养，创作出一大批优秀的现代长篇小说。同时，明清长篇小说还对中国后世的戏剧、影视等产生重要影响，也对世界的文学创作产生过巨大影响。其中的优秀作品被翻译成几十种文字，为世界文化交流做出了重要贡献。

第四节　隽永内秀的明清短篇小说

短篇小说的起源其实是很久远的。大约在战国时期就产生的《山海经》中就有“夸父追日”“精卫填海”“女娲补天”“大禹治水”等神话传说。其实也可以看成是具有神话特色的短篇小说了。魏晋、唐、宋时期以来的《搜神记》《世说新语》《太平广记》等也都是短篇小说的经典之作。

短篇小说其实就产生于人们的日常生活。《汉乐府》中有这样一首名为“陌上桑”的诗歌，讲的是一位名叫罗敷的美女智斗太守的故事。虽说是诗歌，但已经有了很多短篇小说的元素。其中为了表现罗敷的美丽，进行了有趣的侧面细节描写：“走路的人放下担子捋着胡须看着她，年轻人脱掉帽子整理仪容看着她，耕地的人忘记了耕地和锄地……”这些细节以及罗敷与太守矛盾冲突的描写，在极短小的故事中突出了人物形象。长期以来，人们在游戏或劳作中对生活中人物或者事件有了感受，就会讲出来。当这些讲述有了矛盾冲突、有了细节就变成了故事，也就逐渐演变成短篇小说了。那么什么是短篇小说呢？短篇小说就是有别于长篇小说，其篇幅短小，情节简单，往往只写一两个主要人物及其故事。

几千年来，中国人在自己生活的田坎上、胡同里、山野和河流、居家与野游……每天都发生着无数有趣的生活片段故事。这些故事在口口相传中，逐渐演变成短篇小说。明朝时期的《清平山堂话本》中《快嘴李翠莲》，讲了一位姿容出众、有一定文化，但又泼辣果敢、伶牙俐齿、口快如刀，以及由此所表现出来的无所畏惧的气概的李翠莲的故事。李翠莲个性鲜明，嘴快不饶人是她的特点。比如，公公教育李翠莲要温柔稳重。李翠莲应道：“公是大，婆是大，伯伯、姆姆且坐下。两个老的休得骂，且听媳妇来禀话：你儿媳妇也不村，你儿媳妇也不诈。从小生来性刚直，话儿说了心无挂……公公要奴不说话，将我口儿缝住罢！”读着这样的故事，从李翠莲喋喋不休的顺口溜中，你能明显感受到浓浓的生活气息。短篇小说可以说是与生活联系最为紧密的文学。

明清时期，记录和创编这些片段故事的短篇小说，呈现出蓬勃发展的状态。明朝时期的冯梦龙依据宋元话本创作改编而成的《喻世明言》《警世通言》《醒世恒言》合称“三言”，是主要采取模拟宋元话本的方法而成的白话短篇小说。白话小说在唐代就有了，它的前身是民间故事和街谈巷语流传的故事。白话小说就是用普通老百姓都听得懂、看得明白的口头语言写成的小说，因当时主要采用模拟宋元话本的方法，所以也被称为“拟话本”。其后，凌濛初模仿“三言”创作了《初刻拍案惊奇》和《二刻拍案惊奇》，合称“二拍”。“三言”“二拍”成为明清时期白话短篇小说的代表作品。明清时期的白话短篇小说比长篇小说更直接更广泛地反映了社会生活。其中爱情婚姻题材作品占很大的分量。这类作品反映了市民阶层的进步的爱情婚姻观念，批判了封建礼教的不合理性，歌颂了青年男女争取婚姻自主和幸福生活的斗争。部分作品揭露了封建统治阶级的罪恶黑暗统治和科举考场的腐败，写出了人民的苦难。另有些拟话本描写了小商人和手工业者的生活和思想，带有明显的时代特点。拟话本承袭了宋元话本的传统，一般都具有较强的故事性，情节生动曲折，感情色彩鲜明，特别是心理描写和细节描写更加趋于丰富细腻。《杜十娘怒沉百宝箱》《白娘子永镇雷峰塔》等都是流传后世的经典之作。明清时期的白话短篇小说集还有《石点头》《醉醒石》《西湖佳话》《豆棚闲话》等许多作品。

明清时代的文言短篇小说，主要以笔记体小说的形式出现。所谓文言文小说，就是指使用当时的书面语言写成的小说。当时的书面语言就是文言文。蒲松龄的《聊斋志异》是文言小说的巅峰之作，纪晓岚的《阅微草堂笔记》也达到了相当高度。这些故事以及生活的视角，均是平民化且带有十分明显的民间文学特色的，包含了许多传说、寓言、掌故、轶事。尤其是蒲松龄的《聊斋志异》更带有浓厚的民间文学色彩，是“老百姓眼里的世界”，而且在叙述人物形象及语言表达方式上则更是浓墨重彩。人物呈现出的想象与创造力，营构的鬼、狐世界，细节的夸张与变形，以及作品中的寓言性质及象征意义，注重环境氛围的营造和人物与故事情节，从整体上却极其深刻地反映了生活的本质真实。无论是蒲松龄的《聊斋志异》、纪晓岚的《阅微草堂笔记》，它们都吸取了民间文学的丰富营养进行文学创作。明清时期还有《剪灯新话》《剪灯余话》《道听途说》《客窗闲话》等很多的笔记体小说。

自宋到明清时期短篇小说的数量惊人，达到数以万计。虽然良莠不齐，但像“三言”“二拍”与《聊斋志异》这样的优秀短篇小说也非常多。他们在艺术创作中的探索与成就，对现实的表达与反应，都对近现代的小说产生了深远的影响。

我们通过这几个小节，从说书人到话本，从长篇小说到短篇小说，也大约知道了明清小说发展的基本历程。正是由于无数的文学大师的努力，明清小说成为了中国古典文学的辉煌。明清小说打破了正统诗文的垄断，在文学史上，取得与唐诗、宋词、元曲并列的地位。明清小说无疑铸就了中国古典文学的最后的辉煌。

第二课　《西游记》：想象创造的神魔世界

第一节　在嵖岈山，吴承恩的灵感被点燃

吴承恩创作的《西游记》的故事，可以说无人不知、无人不晓了。全书主要描写了孙悟空出世及大闹天宫后，遇见了唐僧、猪八戒、沙僧和白龙马，西行取经，一路降妖伏魔，经历了九九八十一难，终于到达西天见到如来佛祖，取得真经成圣的故事。《西游记》也成为中国古代长篇小说的优秀代表作。

据说，吴承恩自幼敏慧，博览群书，多才多艺。父亲给他取名“承恩”，就是希望吴承恩能考取功名、承接皇恩。父亲督促小承恩认真读“四书五经”，练习写“八股文”，以便参加科举考试，获取功名。可是，小承恩却一点都不喜欢这些内容。他经常悄悄地阅读自己喜欢的野言稗史、志怪小说。有时，街巷传来“啪啪”的惊堂木声响，他就悄悄地跑出去，溜进说书场。说书人讲的《大唐三藏取经》的故事深深吸引了他……虽说，小承恩也常常因此被父亲斥责，但是《大唐三藏取经》里的唐三藏、猴行者等人物，一直萦绕在他的脑海里。《大唐三藏取经》的故事，也让他念念不忘。

时光如梭，吴承恩长大了。他慢慢觉得《大唐三藏取经》的说书及话本太简单，其中的故事和人物还有很多缺陷。他心中逐渐萌生了一个梦想：他要让故事变得更加丰富，人物变得更加生动、鲜活。当然，他也不得不屈服于父亲，去参加科举考试。考场上的吴承恩面对死板的“八股

文”和机械的“四书五经”毫无兴趣，心中念念不忘的是《大唐三藏取经》的故事与自己的梦想。这样的吴承恩也自然不能实现父亲对他的期盼。人到中年的吴承恩也曾担任过一些地方小官，但经常与当时的官场格格不入，还被人诬告迫害。很多时候，他都是以卖文卖画为生。吴承恩就在这样的起起伏伏中艰难生活。生活中的各种妖魔鬼怪让吴承恩感受到人世的艰难。生活中的那些不公应该也在吴承恩的脑海里留下了深刻印象，后来西游记中的妖魔鬼怪以及那些天庭上神仙界的不公，我们猜测也应该是他对生活的一种反映。生活中自己体验到的不公和艰险都被他用神话的方式写进了《西游记》中，所以，文学作品总是反映社会生活的。

五十岁时，吴承恩便绝意仕途，开始以《大唐三藏取经》的话本故事为基础创作《西游记》。他在激情中开始了创作，然而写了十几回后，又写不下去了。他很清楚是自己的生活阅历以及对自然和社会的熟悉程度还不够，他需要深入地去体验和感受。

吴承恩开始了自己的游历之路。据记载，玄奘法师（即唐三藏）曾三次游历河南的嵖岈山，并在嵖岈山上的雷音寺讲经、弘扬佛法。数百年后的吴承恩因心中的梦想，也来到玄奘法师曾经讲经的嵖岈山游历与探寻。当吴承恩来到这里的时候，被嵖岈山的景观震惊了。他看见，笼罩着轻纱的远山，影影绰绰，在缥渺的云烟中忽远忽近，若即若离，就像几笔淡墨，自然地抹在天际。一个个山顶探出云雾，似朵朵芙蓉出水。他走进山林，古木参天、山石林立、飞鸟啼鸣，似精灵般的小猴在树枝间欢快跳跃。幽深的林间小路通向林中古刹，远远望去，云雾缭绕，若隐若现，宛若仙境。小径溪水、大树古刹、怪石洞穴都留下了吴承恩的身影，或盘坐、或行走、或凝望、或沉思……那些流动的画面在他头脑中定格，渐渐演变成《西游记》中的仙山仙境、神魔世界。我们来看一段《西游记》中的景物描写：“东海之处耸崇巅。丹崖怪石，削壁奇峰。丹崖上，彩凤双鸣；削壁前，麒麟独卧。峰头时听锦鸡鸣，石窟每观龙出入。林中有寿鹿仙狐，树上有灵禽玄鹤。瑶草奇花不谢……参天古树，漫路荒藤。万壑风尘冷，千崖气象奇。一径野花香袭体，数竿幽竹绿依依。草门楼，篱笆院……”，这些精彩的景物描写都与他的体验和感受分不开。当然，除了他看到的这些风景。他也常常与猴嬉戏，以猴为乐、以猴为友。他观察猴子从低处一下子跳上了一块大石头，就像猴子从石头里蹦出来一样，甚至想象自己变成那只猴子无所不能……《西游记》中的孙悟空的形象在他的头脑中越来越清晰和生动。据说，吴承恩游历了嵖岈山、桐柏的水帘洞和唐河的五指山。这些优美的自然风景和奇石峰林，给了吴承恩无限的想象空间：嵖岈山的猴王石演绎了猴王出世的情境；桐柏的水帘洞成了美猴王生活的世外桃源；唐河的五指山演绎成如来佛祖的大手压了孙悟空五百年……吴承恩深入社会体验，认识了许多的奇人，了解到许多的异事，多次体会到社会的人情冷暖。

昏黄的灯光下，《大唐三藏取经》里的唐三藏不畏艰险、坚持不懈的精神感染着吴承恩，“猴行者”幻化成吴承恩心目中的孙悟空……生活的经历、嵖岈山的游历，让《大唐三藏取经》里的形象清晰起来。之前各种社会见闻、各色人等，以及光怪陆离的社会现象变化为一个个取经故事中的仙魔鬼怪、神奇故事。《大唐三藏取经》的话本故事就像一粒火种点燃了吴承恩心中的火炬。自己对人生的经历、对社会的看法，与《大唐三藏取经》的故事慢慢地融为一体。他有很多很多的想法想要说出来，心中更是酝酿着一个个更为精彩的故事。多年的游历和自己曾经艰难的生活经历，为他充满瑰丽想象的《西游记》创作打下了坚实的生活基础。吴承恩在《西游记》中展开了丰富的想象，冲破时间和空间的阻碍，描绘了一个色彩纷呈、绚丽奇幻的神话世界。他用生动传神的笔触，描绘出形形色色、光怪陆离的神话奇景。这个充满幻想、超出自然的神话世界使后来的阅读者陶醉其中。

《西游记》描写的幻想世界和神话人物都有现实生活作基础，同时在神奇的形态下体现了吴承恩的美好愿望。你看，目标既经确定，就决不动摇，就要以百折不挠的毅力去实现的唐玄奘；嫉恶如仇、英勇无畏、本领高强的孙悟空；憨厚单纯，但又好吃懒做，爱占小便宜要小心机的猪八戒；忠厚老实，稳重忠心的沙和尚；负重前行、勇往无前的白龙马。虽然，他们都是想象虚构的人物，却都有生活中的原型。吴承恩自己曾说："虽然我这本书看上去像是记录神神鬼鬼的故事，但其实我并非专门写鬼神，而是记录人间的奇人异事，也希望借此让现实的人们有所借鉴、学习。"想象既来源于现实也反映现实。

《西游记》是中国神魔小说的经典之作，达到了古代长篇浪漫主义小说的巅峰，吴承恩把人的故事变成鬼神的故事，就有了强烈的文学审美的冲击力。《西游记》与《三国演义》《水浒传》《红楼梦》并称为中国古典四大名著。至今，《西游记》被翻译成几十个国家的语言，成为世界文学史上的经典作品。

第二节　猴王横空出世——想象的变与不变

猴王就是孙悟空，孙悟空出世就不同凡响，西游记对猴王出世的想象也非常精彩。我们顺着吴承恩的想象也去冥想一下吧。

远远望去，花果山飘浮于云涛雾海之中，参天树木组成的森林像巨大的绿毯顺着山势绵延起伏。偏偏在花果山山顶上有一块平地却没有高大的树木，只有灵芝、兰花等花草簇拥着一块巨大的石头，那块石头传说是女娲补天留下的。每一天清晨，鸟儿清脆的鸣叫便唤醒了太阳，太阳从山顶探出头来，把金灿灿的温暖毫无保留地铺洒在这块石头上，与石头热热闹闹一整天；傍晚，太阳西沉，月亮又用温柔的月光无私地抚摸着这块石头，整个晚上就像在爱抚着自己的孩子；雨天，从天而降的雨滴与这块石头亲切地喃喃私语……就这样不知道过了多少万年，那块石头每日感受天真地秀、日月精华，"一日迸裂，产一石卵，似圆球样大。因见风，化作一个石猴。五官俱备，四肢皆全。便就学爬学走，拜了四方。目运两道金光，射冲斗府……”孙悟空的出世“石破天惊”，一下就把读者带进了一个奇妙的神话世界。

“那猴在山中，却会行走跳跃，食草木，饮涧泉，采山花，觅树果；与狼虫为伴，虎豹为群，獐鹿为友，猕猿为亲；夜宿石崖之下，朝游峰洞之中。”石猴勇敢寻得“花果山福地，水帘洞洞天”，被众猴拜为大王，过着无拘无束、逍遥自在的生活。虽然是天生石猴，但生活习性与猴子没有什么两样。后来，孙悟空拜师菩提祖师学本领，菩提祖师打了他三下头，他马上就知道师傅要秘传本领的意图，猴子的聪明灵性表露无遗。孙悟空学得的一项本领是“筋斗云”，猴子不就喜欢翻腾跳跃吗？后来，孙悟空又到龙宫借兵器，试了很多兵器不如意，还说“古人云：‘愁海龙王没宝哩！’你再去寻寻看。若有可意的，一一奉价。”得到如意金箍棒后，他还向又气又怕的龙王要了一身披挂……这就是猴子王孙悟空，无理起来耍赖得很，这不是典型的猴子形象吗？所以后来好多神仙和妖怪都叫他“泼猴”。虽然这些故事都是作者虚构想象的，但因为作者精心写出了许多符合猴子特点的细节，孙悟空的猴子形象仍然活生生地呈现在我们面前，读起来行云流水，就像真实发生的一样。

《西游记》最精彩的是“大闹天宫”的故事。孙悟空向东海龙王借得定海之宝金箍棒，又去地府强销生死簿，被龙王、阎王告状。玉帝派太白金星，到花果山“招安”，将悟空骗到天庭当弼马温。悟空后知弼马温是一个“不入流”的小官，大怒，回到花果山自封“齐天大圣”……好一个争强好胜、自由自在的猴子王。玉帝派托塔天王等人下界捉拿，但悟空艺高一筹，将天兵天将尽数打败。最好玩的是玉帝再次招安，竟然让悟空管理蟠桃园，结果成全了猴子王爱吃“桃子”的秉性。

还有很多像这样依据人物特性进行的创造虚构经典片段。孙悟空刚遇见猪八戒时，猪八戒是这么介绍自己的“我自小生来心性拙，贪闲爱懒无休歇。不曾养性与修真，混沌迷心熬日月……”取经路上的猪八戒一直就贪吃贪睡。让他去打探，他会找个地方睡觉，看到食物，他会两眼放光不顾一切抢吃起来。猪八戒不习惯更不喜欢长期在外奔波的苦行生活，他护唐僧取经是出于无奈，在西行途中遇有劫难，总是第一个打退堂鼓，要散伙，卖行李、嚷着回高老庄做女婿。这完全就是与猪的“享乐”形象一致。

在他们身上，我们不仅能看到他们各具特色的、符合他们生物特性的性格特征，还能看到吴承恩心中“人”的特点。比如，孙悟空的勇敢无畏、追求理想；猪八戒的憨厚率直、知错能改……再加上吴承恩赋予孙悟空的七十二变、筋斗云，猪八戒的三十六变、力大无穷等神通，使他们身上又具有了神的特点。吴承恩就是这样把人、神、猴或猪的特性完美地融为一体，创造出生动鲜活的形象，让每一个阅读者终生难忘。

第三节　取经之路多磨难——想象中的生活真实感

有人做过统计，《西游记》共有九十六个妖怪。这九十六个妖怪各具特点，也都各有神通。也正是这些妖怪，让唐僧师徒经历了九九八十一难，最终成佛。

“三打白骨精”是老百姓最耳熟能详的《西游记》中故事。白骨精是一堆白骨变化而成的妖怪。白骨精为吃唐僧肉三次变化迷惑唐僧师徒，均被孙悟空识破并被消灭。这个《西游记》中想象而来的妖怪，已然家喻户晓。白骨精第一次变化成村姑，吴承恩就用了很多笔墨来描写。“好妖精，停下阴风，在那山凹里，摇身一变，变做个月貌花容的女儿，说不尽那眉清目秀，齿白唇红，左手提着一个青砂罐儿，右手提着一个绿磁瓶儿，从西向东，径奔唐僧……翠袖轻摇笼玉笋，湘裙斜拽显金莲。汗流粉面花含露，尘拂峨眉柳带烟。”作者用白、红、青、绿、翠、黄等颜色，精心描绘了一幅村姑图。明明是想象虚构的人物却分明真实地浮现在我们面前。虽说是想象，但吴承恩却精心描述每一个细节，给我们强烈的“真实感”。

后来，白骨精为了达到挑拨离间的目的，又先后变成老婆婆和老公公，俨然与村姑是一家人的样子。虽然白骨精还是被火眼金睛的孙悟空消灭了，但确实也挑拨了唐僧师徒关系，导致孙悟空被赶走。第一次打白骨精，白骨精“预先走了”扔下一个假尸，不识妖怪的唐僧说：“有甚话说！出家人时时常要方便，念念不离善心，扫地恐伤蝼蚁命，爱惜飞蛾纱罩灯。你怎么步步行凶，打死这个无故平人，取经将来何用?”这次“行凶”可以看成是孙悟空初次“犯错”，唐僧只是批评教育。第二次打白骨精，又被白骨精故技重施逃脱，扔下老婆婆的假尸。“唐僧一见，惊下马来，睡在路旁，更无二话，只是把紧箍儿咒颠倒足足念了二十遍。可怜把个行者头，勒得似个亚腰儿葫芦，十分疼痛难忍……”这一次已经是不听师傅的教育，孙悟空再次“犯错”，唐僧直接严厉处罚。第三次孙悟空终于打死了变化为老公公的白骨精，但因为猪八戒的挑唆，唐僧不再听悟空的申辩，把他赶走……这一次在唐僧眼里，孙悟空是一而再、再而三地“犯错”，所以直接逐出师门。虽说这个故事是虚构的，但唐僧的情感变化却完全符合生活的逻辑。读着这个虚构想象的故事，你会随着文字的描写感受到人物的情感变化是那么真实而又自然而然。

牛魔王是《西游记》中另一个家喻户晓的妖怪。在孙悟空自称“齐天大圣”时，他是孙悟空的结拜大哥，也自称“平天大圣”。按理说他们是有私交的朋友，孙悟空自己都说“我老孙当年与他相会，意合情投，交游甚厚”，可是在取经路上他们却成了敌人斗得你死我活。这是怎么回事呢？原来因为孙悟空在观音帮助下收复了他的孩子“红孩儿”，又为借芭蕉扇过火焰山的事，钻进他妻子铁扇公主的肚子里一番折腾，还追打了他的小妾玉面狐狸，所以惹恼了牛魔王，导致了双方矛盾激化。“泼猴夺我子，欺我妾，骗我妻，番番无道，我恨不得囫囵吞他入肚……”牛魔王新仇旧恨一并激发，这才有了孙悟空大战牛魔王的精彩故事。明明是虚构想象的故事，吴承恩却把事情的前因后果交代得清清楚楚明明白白，竟让人觉得事情是真实发生的。

《西游记》向人们虚构了一个绚丽多彩的神魔世界，想象奇特天马行空。但吴承恩在写作时又遵循真实生活的本来样子，该发生什么就发生什么，该怎么发生就怎么发生。他用心描写出事件的发生、过程和结果，精心描写人物外貌、动作、内心、情感变化的每一个细节。这些想象的人物和事件就像一幅幅鲜明的图画活灵活现地出现在我们眼前，让人感到似乎这一切都应该自然而然真实的发生。吴承恩在《西游记》中的想象给我们带来了强烈的“真切感”。

第四节　神奇的神魔世界——想象对现实的隐喻

《西游记》中有许多被我们津津乐道的“大神”。上到玉皇大帝、如来佛祖，下到各路山神、散仙、土地公公，性格各异、神通不同。不同的神仙又因为法力大小或者地位尊卑，享受着不一样的待遇。那么神仙到底是什么呢？在吴承恩的笔下，其实神仙与人没有什么两样，只不过居住在天上、仙境或者隐秘之处而已。吴承恩借助了口口相传的神仙故事，构筑了一个神仙的世界。他们和人一样唱歌、跳舞、吃大餐……他们和人一样争论、吵架、耍脾气……他们也有七情六欲，他们只是人们因为人类的理想而赋予了各种神力的人。

我们先来看看主宰天界的“最有权力”的玉皇大帝。书中借如来佛祖之口介绍玉皇大帝说：“他自幼修持，苦历过一千七百五十劫，每劫该十二万九千六百年……”这一粗略算起来，玉帝的修为多达两亿多年。他的手下文有太上老君、太白金星等，武有托塔天王李靖、哪吒、四大天王、九曜星君等，龙宫大海、地府阎王都归他管。还有听调不听宣的二郎神君其实也是他的手下。这和人间的帝王将相的朝廷不一样吗？孙悟空不满天庭的不公，反了天庭，也表达了作者对当时朝廷的不满。吴承恩用夸张想象的方法给我们描绘了另一幅人间的图画。

如来佛祖是《西游记》中“法力无边”的大神。孙悟空一个筋斗十万八千里，竟然翻不出他的手掌心，被他用手掌变化为五行山压在了山下，可见佛祖多么厉害。而且在唐僧师徒西行途中，遇到谁都不能制服的妖怪或者谁都不能克服的困难时，只要如来佛祖一出手，就没有解决不了的。如来佛祖无所不知，无所不能。如来佛祖也是西天之主，居住在灵山。他有无数的信徒，四大菩萨、八大金刚、无数罗汉个个神通广大。在灵山还发生了一件有趣的事情。唐僧等历经千难万险，终于到了灵山。如来佛祖让唐僧随阿傩和迦叶去拿经书。结果两罗汉居然索要“人事”，也就是要“贿赂”。没有拿到，他们便给了一套无字经书。最后，唐僧把紫金钵送给他们，才最终成功拿到经书。这不就是现实生活的写照吗？就连如来佛祖的“西方净土”也并不干净，还真是讽刺。

观音菩萨可以说是《西游记》中“最善良”的大神了。在《西游记》中观世音就是以救苦救难的形象出现的，她总是在唐僧师徒最危险的时候神通广大地出现，帮助他们渡过艰难险阻。所以直到今天，还有很多人总是在困难时，寄希望于观世音菩萨来救苦救难呢。

还有一位“人间大神”魏征的故事也很有意思。贞观时期，泾河龙王化作一秀士与一卜卦者打赌。为了赢得此赌，在接受玉帝圣旨之后，故意把下雨的时机和雨点数改变了，结果让人间受难犯了天条。大唐丞相魏征奉天庭之命斩龙。泾河龙王求人间皇帝李世民帮助。李世民设计与魏征下一盘棋，想稳住魏征不让他去斩龙。岂料魏征却打瞌睡，在梦中“元神出窍”挥剑斩了龙王。魏征是历史上的一代名臣，刚直不阿。《西游记》用这样一个想象故事，赞扬了这位刚直不阿的“人间大神”。

唐僧师徒西天取经，历经“九九八十一难”，各种妖魔鬼怪层出不穷。其实是《西游记》把唐僧取经过程中的各种困难想象成各种妖魔鬼怪，也说明了人生必须经历各类苦难才能成长的道理。我们还会发现，大多数妖魔鬼怪都有各类“大神”的影子。黄眉怪是东来佛祖弥勒佛的童子下界作怪；青牛精是太上老君的坐骑下凡捣乱；九灵元圣是太乙天尊的座驾；老鼠精是托塔天王李靖的干女儿；大鹏怪居然还是如来佛祖的舅舅；黄袍怪直接就是天庭二十八宿的奎木狼下凡……后世很多人都认为《西游记》是巧妙地利用虚构的故事，讽刺了当时统治者不但不管束自己人，还纵容他们为非作歹的现实。

吴承恩在《西游记》中天马行空的想象瑰丽无比，但我们又会发现这些想象的世界又是现实的生活写照，而且书中众多神魔妖的个体又有着千丝万缕的联系，展示的是一幅幅广阔的生活画卷。《西游记》又依据生活中人物的特点进行了精准的刻画。吴承恩用这样的想象故事巧妙地书写着人世间的“善”与“恶”。

第三课　《水浒传》：细节出英雄

第一节　施耐庵是怎样揣摩细节的

《水浒传》是四大名著中最早写成的长篇小说。它开启了明清长篇小说的繁荣时期。作者施耐庵也因《水浒传》而流芳百世。

关于作者施耐庵的传说故事有很多。据传说，施耐庵自幼就才气过人，先后考秀才、中举人、登进士，还做了几年官。可惜生不逢时，元末明初正是朝代更迭、战火纷飞的动乱时期，农民起义风起云涌，涌现了朱元璋、张士诚等实力强大的起义军队伍。在那个动乱的时代，施耐庵辞官回家，当上了教书先生。因施耐庵的才名，张士诚邀请施耐庵成为他的谋士。于是，出征的号角便经常唤醒施耐庵和那些义军将士们，在战场厮杀，夺取胜利；在夜晚的月光下，他也经常与战友们一起读书、聊天；有时，他们也邀请说书先生说书，那时已经有以《大宋宣和遗事》为基础的英雄故事了，如《青面兽》《花和尚》《武行者》等故事已在民间流传。施耐庵与义军将士们也常常像说书里的故事人物一样，结拜兄弟，大块吃肉、大碗喝酒。遗憾的是，张士诚在取得一些胜利后，也听不进谏言，开始昏庸独断，败仗接踵而至。这一段时间的施耐庵，辗转反侧不能入眠。兄弟们的音容总是浮现在眼前，兄弟们的鲜活形象一个一个在脑海中闪现。回想起自己的建议不被接受，他无奈留下一封信，消失在夜幕中。

虽然，施耐庵离开了义军，但心却还在军营。他想念着那些曾经共同战斗的兄弟朋友，担忧着他们的命运。后来，听说张士诚的义军战败投降，施耐庵更是备受煎熬，经常魂不守舍。或许就在某一个夜晚，施耐庵望着外面无边的黑暗，屋子里的一盏灯照亮了自己的内心……《大宋宣和遗事》中的武松、杨志等英雄形象，与当年和他一起战斗过的义军兄弟们的形象重叠在一起，现实中看到的那些猥琐的市井、奸诈贪婪的官员形象也在脑海中浮现。满腔的热情、无尽的思念打开了他的记忆和联想，开启了创作的长河。有时候，人在听书或者你们读书，尤其是自己又有类似的体验后，往往会把自己与故事中人物交织在一起，分不清到底是自己还是故事中的人物。其实这也正是把自己的人生体验与阅读或者听故事的感受融合在一起，这是一种奇妙的感觉。我们在读书时也会有这种感觉，有时候读着读着就会把自己代入故事中，仿佛自己就是书中的某个人物。此时的施耐庵就有这样的奇妙感受。备好清茶、笔墨纸砚，施耐庵写下了第一行文字。从那以后，施耐庵便开始了在文字中的艰难跋涉。无边的黑暗、浩大的星空、漫天的朝霞陪伴着他。每一天他都在与英雄“心心相印”，那些曾经和他一起战斗过的英雄朋友们的一举手一投足，也都浮现在施耐庵的眼前。嫉恶如仇的武松、粗直鲁莽的李逵、豪迈仗义的鲁智深……施耐庵不吝笔墨地把他们的言行细节生动地描写出来，就像在讲述自己最亲密的朋友。这些英雄形象已经不再属于那些话本，他们已经成为施耐庵倾注全部情感和心血创造出的全新形象。

据传说，江苏省有个叫花家垛岛的地方，就是施耐庵创作《水浒传》的地方。现在，这里已经建起了“施耐庵纪念馆”。人们走进去，就好像走进了浓缩版的水泊梁山一样：清清的水流环抱着一座小岛，沙鸟在水面轻快地飞翔，一两艘渔舟在水面缓缓飘游，船上不时传来浅唱低吟，岸上茂密的芦苇摇曳生姿……我们在《水浒传》中也读到了同样的、更为宏大的情境，那就是“水泊梁山”：烟波浩渺的八百里水泊，围绕着雄奇的梁山，港汊纵横，芦苇丛生，山水相倚，易守难攻……或许，施耐庵在想象中把自己的居住地变换成更加浩大的“水泊梁山”，让这些英雄豪杰因各种社会压迫、欺诈、不公等原因被迫来到这里，汇聚一个“一百单八将”的英雄群体，扛起了“替天行道”的大旗，演绎了一个个荡气回肠的侠义故事。梁山好汉占山为王的自然环境与施耐庵的居住地很是相似。我们也可以从中感受到文学的创作与生活的紧密关系。

现在有很多人研究《水浒传》与施耐庵。有一种说法也很有意思，一些学者通过各种考证，证明《水浒传》不是施耐庵所写，也没有施耐庵这个人。他们还推测“施耐庵”是托名，也就是假托此名，“施耐庵”可能是“实乃俺”（事实上作者是我的意思）的音。为什么不写出真实姓名呢？也有各种考证和推测。其实，尽管施耐庵身份不明，又或者是明朝文人的假托之名，对于我们阅读者来说，都不重要。因为，不管怎么样，《水浒传》已经成为中华文明史上的明珠，成为中国文学的里程碑。“施耐庵”已经成为中国文学历史中的一个文化符号而永垂不朽。

据说施耐庵写作时书名叫《江湖豪侠传》，后来才改名为《水浒传》，可以感受到施耐庵心中的英雄豪情。施耐庵把自己的人生体验、真实感受融入到波澜壮阔的历史背景中，表现出当时人民动荡艰辛的生活场景，用一个个精准的细节支撑起具有鲜明特点的一百单八将的英雄形象。施耐庵的心血最终成就了一部伟大的著作。它不但开启了长篇白话章回体小说的先河，而且《水浒传》还先后被翻译成几十个国家的文字，还有几十个不同的版本，在日本就有二十多个版本。

“韬光养晦，一代英才居胜境；激浊扬清，千秋峻笔著奇书。”《水浒传》不但是中国文学史上的伟大作品，也是世界文学史上一颗璀璨的明珠。

第二节 鲁莽豪爽的细节，各具特色

有位笔名叫“灿烂海滩”的先生，对《水浒传》做过统计。根据他的统计，书中有名有姓的人物有577个，有姓无名的人物有99个，有名无姓的人物有9个……总共有827人。出场的人物包括官员、小吏、士兵、地主、手工匠、农民等各种各样的身份。主要描写的英雄人物就有一百单八将。《水浒传》写了这么多人物，但都给我们留下了深刻印象。你绝不会把武松当成林冲，也不会把鲁达当成李逵。因为《水浒传》对人物的描写是独特的。文人谋士、江湖大哥、草莽英雄；豪放、粗鲁、细腻的各色人等，都绝不会雷同，而这样的独特，都是由精准的细节支撑的。

我们先选取一个无赖和鲁达之间的故事来说说。当鲁达知道街头恶霸郑屠夫欺男霸女的事情后，心头便激起了“锄强扶弱”的英雄豪气。他先是送走金氏父女，然后拿凳子在郑屠夫的店门口硬是坐了两个时辰。一个“坐”的细节把鲁达为了防止店小二去给郑屠夫报信的精细之处，表现得淋漓尽致。鲁达来到了肉铺，让郑屠把没有半点肥肉的精肉剁成肉末，又让郑屠把没有半点精肉的肥肉剁成肉末，之后又让郑屠把没有半点肉的软骨剁成末。先先后后，折腾了郑屠半天。鲁达以“无赖”对“无赖”，就是要激起郑屠的怒气，为自己惩罚这个无赖找到借口。读到这些细节，你会为这个外表粗鲁、内心实则精细的鲁达忍俊不禁。当然，鲁达的粗鲁是一定要表现的。“扑的只一拳，正打在鼻子上，打得鲜血迸流，鼻子歪在半边……”“提起拳头来就眼眶际眉梢只一拳，打得眼睖缝裂，乌珠迸出……”“又只一拳，太阳上正着，……只见郑屠挺在地下，口里只有出的气，没了入的气……” 三拳，仅仅是三拳，便打死了一个大汉，当真是粗鲁至极。

后来，鲁达在大相国寺守护菜园子。有三二十个泼皮来闹事，又有了“倒拔垂杨柳”的故事。这一伙人一直在一个粪窖边跪着，想要引诱鲁达过去并把鲁达推进粪坑。鲁达心里想：“这伙人不三不四，又不肯近前来，莫不要攧洒家？那厮却是倒来捋虎须，俺且走向前去，教那厮看洒家手脚。”结果，那群泼皮的头儿，均被鲁达踢下粪坑。泼皮被鲁达收服。这一段的心理描写细节把鲁达的心细的特点表现了出来。后来因为杨柳树上的老鸦乱叫，鲁达“走到树前，把直裰脱了，用右手向下，把身倒缴着，却把左手拔住上截，把腰只一趁，将那株绿杨树带根拔起。”看到这细节的动作描写，我们就仿佛看到了一个勇武无敌的鲁达。

鲁达的特点是粗鲁而不乏细致，勇武且仗义。施耐庵所描写的这些生动准确的细节，支撑起了丰满的鲁达形象。

李逵也是《水浒传》中一个非常鲜活的人物形象。李逵有着鲁达一样的勇猛、粗鲁，但在他身上还有着一个鲜明的特点，那就是对母亲的孝。李逵在梁山上过得快活，便想起自己的母亲，想要让母亲在自己身边享福。下山接母亲的李逵遇到假扮自己打劫财物的李鬼，因为李鬼编瞎话说：“家中因有个九十岁的老母，无人养赡……如今爷爷杀了小人，家中老母必是饿杀。”李逵便寻思起来：“我特地归家来取娘，却倒杀了一个养娘的人，天地也不佑我。罢罢，我饶了你这厮性命！”还给了李鬼一锭银子。在返回梁山途中，母亲被老虎吃了。李逵一怒之下，杀了四只老虎。李逵的“孝”就在这些细节中得到了充分体现。一个独特的李逵形象便呈现在我们面前。

伟大的作品总能让我们看到最鲜活的形象，而鲜活的形象也必须用精彩的细节支撑。施耐庵的《水浒传》就这样用精彩的细节支撑了一个个独特的形象，永存于人们心中。

第三节　好汉武松的江湖细节

《水浒传》中的武松估计没人不喜爱吧？侠肝义胆、嫉恶如仇、豪气干云的武松是对英雄的完美诠释。

景阳冈下，酒店外挂着“三碗不过冈”的招牌。酒是好酒啊，常人喝不过三碗，就醉得不行，无法行走。可是遇到武松那就是另外一番景象了。武松喝了三碗之后，店家不再上酒，武松说：“休要胡说。没地不还你钱，再筛三碗来我吃。”喝了后，店家又不上酒，武松说：“端的好酒！主人家，我吃一碗，还你一碗钱，只顾筛来。”身在江湖的武松以为店家怕他不给钱；再喝，店家不上酒，并劝告他醉酒后“无药可救”，武松豪气得很：“休得胡鸟说！便是你使蒙汗药在里面，我也有鼻子。”店家再劝，没有谁能扶得动你的，武松牛脾气来了：“要你扶的不算好汉。”“我又不白吃你的，休要引老爷性发，通教你屋里粉碎，把你这鸟店子倒翻转来！”了不得的武松一口气竟喝了十八碗酒！这些生动的语言细节让武松的形象立刻鲜明起来，那是一种“什么都不怕，还怕酒”的傲气，也有一种勇往直前的英雄气。江湖好汉武松“很江湖”。

关于武松，最精彩的莫过于打虎的故事了。

武松先是乘着酒兴走上景阳冈，在“败落的山神庙”看到官府告示，“方知端的有虎”——真的是个危险的地方呀。然后“回头看这日色时，渐渐地坠下去了……”——到了危险的时间，老虎即将出笼。因酒力发作，看见“一块光挞挞大青石”就准备在上面睡觉——危险的处境、危险的举动。我们阅读者就在这些时间与环境的细节描写中，紧张起来。我们仿佛看到武松一步步走向危险。时间与环境的细节描写是这样引人入胜。

只可惜老虎遇到了武松。武松凭着平时练就的一身好武艺，灵巧地避开了老虎的“扑”“掀”“剪”，硬是用一双“铁”拳，生生把猛虎打死。

我们随便选取几个片段来欣赏。“那个大虫又饥，又渴，把两只爪在地下略按一按，和身望上一扑，从半空里撺将下来。”“大虫见掀他不着，吼一声，却似半天里起个霹雳，振得那山冈也动，把这铁棒也似虎尾倒竖起来，只一剪……”这是写老虎的。“武松见那大虫复翻身回来，双手轮起梢棒，尽平生气力，只一棒，从半空劈将下来。只听得一声响，簌簌地将那树连枝带叶劈脸打将下来。”“武松将半截棒丢在一边，两只手就势把大虫顶花皮肐搭地揪住，一按按将下来。那只大虫急要挣扎，早没有了气力，被武松尽力气纳定，那里肯放分半点儿松宽。武松把只脚望大虫面门上、眼睛里只顾乱踢。那大虫咆哮起来，把身底下扒起两堆黄泥，做了一个土坑。武松把那大虫嘴直按下黄泥坑里去……”这是写武松的。这个打虎片段施耐庵用了二十多个不同的动词，把武松打虎的细节情境呈现在我们面前。从这些动作的细节描写中，我们能感受到精彩纷呈的“打虎”场面。

施耐庵对武松打虎全过程惟妙惟肖的描绘，读来犹如亲历一般。他是怎么做到的呢？有个传说故事也许可以说明观察体验的重要性。

传说施耐庵在家中写《水浒》，写到“武松打虎”这一段时，一连写了好几遍，怎么也写不好。突然听到门外有狗狂叫的声音。他跑到门口一看，原来是个彪形醉汉正和一条恶狗搏斗。只见醉汉把身子闪过来、躲过去，一把揪住恶狗的顶褂皮，往上一拎，连着锤了十几拳，往远处一甩，那恶狗躺着不动了。施耐庵看得入了迷，连声喊道：“打得好！打得好！”他立即回到屋里，把刚才醉汉打狗的情境记了下来，又重新把武松打虎的场面写了一遍。这一次，打虎的动作比先前逼真多了。但武松的神态还是写得不活。怎么办呢？施耐庵又搬了一只长凳子放到堂屋当中，一只手按住长凳，把凳子当作“虎”，在长凳两边跳来跳去，模仿醉汉打狗的架势，体会醉汉打狗的心理。他老婆看见他按着凳子跳得满头大汗，并举起拳头要打凳子，便连忙喊道：“你发疯了，打什么东西呀？”施耐庵笑道：“我在打‘虎’啊！”说完又跑到书桌前面坐下来，很快地写好了武松打虎这一段书。这一回，真的把武松写活了。打狗的情境如何被施耐庵写成了生动的打虎的情境？那是因为施耐庵在用心体会打狗的过程中，根据老虎的特点，比如扑、掀、剪的动作特点，而不是狗的特点来融入情境中，才有了这样精彩的打虎故事。这也说明了文学源于生活高于生活的道理。还有一个传说，讲的是施耐庵为了写好武松打虎，自己一人独闯山林，在树上观察老虎的行动特征……正是有了施耐庵用心的观察与体验，才有了武松打虎的精彩故事。

在中国的传统文化中，虎是山中之王、百兽之首，历来被人们视为和龙齐名的动物，是勇猛和权威的象征。施耐庵用打虎的故事给我们塑造了一个英武的武松形象。在中国的传统文化中，酒也总是和英雄豪杰紧密地联系在一起，“人生如梦，一尊还酹江月。”“对酒当歌，人生几何”“会须一饮三百杯”等诗篇都在抒发英雄豪杰的人生情怀。施耐庵笔下的英雄也总是和酒有着千丝万缕的联系。十八碗酒、一只“吊睛白额大虫”（老虎），成就了豪爽、勇猛又不失机智的英雄武松。

第四节　众英雄的N个细节

《水浒传》中的英雄人物各具特色，让人印象深刻。施耐庵用心描摹各种细节，呈现出一个个鲜活的人物形象。

宋江能够成为梁山头领，是因为他“济人贫苦，周人知已，扶人之困”，人们又给他一个外号“及时雨”。宋江初见李逵，得知他急需用钱，便毫不犹豫地掏出十两银子给他用。戴宗提醒他，李逵好赌，这些银子肯定是又拿去赌钱了。宋江却说“何必见外，量这些银两，何足挂齿”“由他去赌输了罢，若要用时，再送些与他使”。宋江刚见李逵，却如此爽快，足以看出他的仗义疏财。在与李逵一起吃饭时见李逵“也不使箸，便把手去碗里捞起鱼来，和骨头都嚼吃了……便伸手去宋江碗里捞将过来吃了，又去戴宗碗里也捞过来吃了……”也不怪李逵吃相难看，反倒吩咐酒保再去切二斤肉，最后自己付钱。宋江与李逵相识不久，却十分大方地照顾李逵，也十分宽容李逵的种种行为，认为李逵的生性就是这样。宋江的容人之量、识人之度都在这些细节描写中呈现出来。后来宋江醉酒写反诗，“一面又饮了数杯酒，不觉欢喜，自狂荡起来，手舞足蹈，又拿起笔来，去那《西江月》后，再写下四句诗，道是：‘心在山东身在吴，飘蓬江海谩嗟吁。他时若遂凌云志，敢笑黄巢不丈夫。’”通过细节描写，一个胸有大志的宋江形象便凸显了出来。宋江的“仗义疏财、容人之量、识人之度、胸有大志”标志着他的领袖风范。这些细节表现了人物内心。

林冲由于被高俅陷害，私自带刀入白虎堂，被发配到沧州看守草料场。高俅要对林冲斩尽杀绝，派陆谦到沧州谋害林冲。陆谦在多次谋害不成的情况下，便想一把火烧了草料场并把林冲烧死。林冲作为当时的朝廷官员对于迫害一直隐忍，只求家人平安，一直到“风雪山神庙”时才被逼造反。这段细节描写也极为精彩。林冲“恐怕火盆内有火炭延烧起来，搬开破壁子，探半身入去摸时，火盆内火种都被雪水浸灭了。”此一细节就有无尽妙处。一方面表明林冲心细的特点，另一方面为下文草料场绝不可能自己起火，必是人为纵火埋下伏笔。在陆谦火烧草料场时，林冲满腔怒火。“奸贼，我与你自幼相交，今日倒来害我，怎不干你事！且吃我一刀。”此时的林冲和先前的隐忍完全不同。书中栩栩如生地描写出林冲被逼出来的英雄本色。无数细节写尽了“逼上梁山”的林冲命运，也写出了当时社会没有法制，只有以权谋私、官逼民反的残酷社会现实，细节也呈现了社会的风貌。

“骨软身躯健，眉浓眼目鲜。形容如怪族，行步似飞仙。夜静穿墙过，更深绕屋悬。偷营高手客，鼓上蚤时迁。”时迁的出场诗，生动描写了他的特殊“才能”。一个“眼目鲜”就把时迁贼眼溜溜、眼睛放光的形象凸显出来。吴用让时迁去徐宁家盗取盔甲。时迁先到徐宁家附近踩点，而后经过望风、埋藏、潜伏、吹灯、盗甲、口技等步骤，神不知鬼不觉盗出宝甲……一系列细节表现了时迁的缜密与机智，令人叹为观止。“鼓上蚤”这个绰号，也形象地写出了时迁有着飞檐走壁的高超技巧，就像跳蚤在鼓面起跳一样不出声响的神偷特点。施耐庵通过细节，将时迁这样的小人物也塑造得栩栩如生，细节表现了人物的性格。

如果说文学作品中的事件是骨架，那么细节就是血肉，没有细节就没有文学。古往今来，伟大的作家总是用心捕捉那些让人灵魂战栗的细节。细节描写，写人如见其人，写景如临其境，可以让肤浅走向深刻，让枯燥走向生动。施耐庵就是这样的伟大作家。

第四课 《三国演义》：历史画卷的磅礴展开

第一节 从《三国志》到《三国演义》

幼时的罗贯中和现在的孩子们一样，都喜欢听故事。他的父亲喜欢讲那些流传下来的历史人物故事，什么秦始皇统一六国、霍去病驱除匈奴等等。在这样的耳濡目染下，罗贯中从小就对历史产生了浓厚的兴趣。

罗贯中大约二十岁时，来到杭州，拜师学习戏剧。当时杭州有天下最著名的几位剧作家，例如关汉卿和郑光祖，他们都居住于此。罗贯中在杭州期间，收集了很多古代名臣谋士的传说。或许是对古代名臣谋士的尊崇，他也萌发了辅佐明主建立一番功业的想法。据真实历史文字记载，罗贯中是一位“有志图王”的人。于是他辞别老师，投奔了当时实力最强的义军首领张士诚，并成为了张士诚的谋士。在多次与敌人的战斗中，罗贯中也出过奇计并打败了敌人。后人在阅读《三国演义》时，便每每为书中的各种战略计谋赞叹不已，也可以为罗贯中是位“胸有谋略”的人佐证。张士诚并非明主，罗贯中只能遗憾地离开。又由于元末明初的动荡，他便开始了漫游江湖、浪迹天涯的生活。他自嘲为“湖海散人”也是他的生活写照。

罗贯中因为自己的才学无法施展，满腔抱负无法实现，内心十分痛苦。五十岁时，罗贯中便把自己的无尽才学、满腔抱负倾情于《三国演义》的创作之中。曾经“胸有谋略、有志图王”的罗贯中，对于自己的人生也一定百感交集。将小时候耳熟能详的历史故事融入了自己对历史、对人生比较成熟的看法，罗贯中开始在心中展开一幅幅“谋略与图王”的历史画卷。

《三国志》是晋代陈寿所作的一部史书，主要以人物传记的方式记载人物故事。当时的用于说书的话本，开始由用单个英雄人物故事到逐渐用串联起来的故事为主要内容了。那时已经有很多说书艺人和戏曲都在用各种方式演绎关羽、刘备、曹操等三国人物的故事。沉醉于三国历史画卷中的罗贯中，不满足于这样的单个故事和相对简单的串联。《三国志》中成百上千的帝王将相、谋臣武夫的性格特征、社会关系、仕途风云都清晰地呈现在他的眼前。“三分天下”的百年历史被他演绎成一个个斗智、伐谋、战争的精彩画面。诸葛亮、关羽等等经他的笔端，成为中国人心中永远的经典形象。他对历史资料的谙熟、对历史人物的深刻了解，以及对历史的整体把握能力，使他能在小说中自由地借史演义、寓言寄托自己的志向。

罗贯中写《三国演义》时，因他沉醉其中，相传闹有不少笑话。一天，罗贯中的家里人都出去了，他一人专心致志地在写作。一个乞丐来讨吃的，说道：“秀才行行好吧，小人已经断粮几天了。”这时他正写到“群英会蒋干中计”中周瑜领蒋干察看后营粮草一段，听说“断粮”，头也没抬，口中喃喃念道：“营中粮草堆积如山，即可取之!”说完，仍只顾埋头写书。乞丐听他说后，便毫无顾忌地拿了些米走了。一盗贼也趁火打劫，进屋把米粮全部盗走。妻子回家发现后，着急地说：“家里没吃的了，你到底管不管啊?”恰巧此时他刚写完“出陇上诸葛装神”，听妻子说“没吃的了”，不禁搁笔哈哈大笑起来：“陇上麦熟，何不食之?”其时麦子还未吐穗，妻子只好借些粮米度日。据说后来，他还曾用“水淹七军”“火烧连营”的办法来对付麦田里的野猪……

《三国演义》以历史为依据，因作者的情感等因素，对历史中人物、事件、场景进行了各种美化或者丑化，如仁义之君刘备、智慧化身诸葛亮、忠肝义胆关羽等，还有恢弘的赤壁之战、以少胜多的官渡之战等等。这些内容既有历史的依据，又不完全等同于历史，是作者经过了艺术的再创造而形成的新的形象、新的故事。所以有人说《三国演义》是“七分历史、三分虚构”。就这样罗贯中巧妙地把相对孤立或者简单串联的故事加工、创造成波澜壮阔的历史画卷。那些鲜活灵动、情感丰富、爱憎分明的历史人物形象永远活在历史的记忆长河中。《三国演义》作为中国第一部历史性长篇章回体小说，在众多的名著中闪烁着历史的独特光芒。

《三国演义》的这些创作经验开创了历史演义小说的先河。罗贯中也因此成为中国历史演义章回体小说的开山鼻祖。其实，罗贯中还创作了很多历史长篇小说，如《隋唐两朝志传》《残唐五代史演义》等。只不过均没有《三国演义》的影响力巨大。

罗贯中活了七十岁，在宋代爱国诗人文天祥的故里卢陵逝世。英雄惜英雄，他们都是中国历史天空中闪耀的星。

第二节　是历史画卷，也是精彩人物长廊

三国时期是历史上有名的混乱时期，社会关系错综复杂，各利益集团斗争激烈，各类人物粉墨登场，各种计谋层出不穷……《三国演义》为我们清晰地表现了这一历史时期的内容。我们可以把《三国演义》所描述的历史发展进程分为三个阶段，分别是“群雄逐鹿”阶段、“三分天下”阶段、“三国归晋”阶段。罗贯中对这百年历史有着深入的研究，对历史各个阶段发展的原因、进程和结果有着深刻的认识。所以，随着《三国演义》历史进程的逐渐推进，我们会觉得这百年历史变成了一幅生动的历史画卷，在心中层次分明、张弛有度地展现在我们面前。

罗贯中描写了东汉末年因瘟疫横行的天灾引起的“黄巾起义”；外戚、宦官不断交替干政；董卓扰乱朝纲等三乱。“十常侍”是当时皇宫里

的宦官，当时由于新上位的皇帝的宠信，这些宦官就越来越无法无天，扰乱朝纲，造成政治混乱，民不聊生。先是有一个叫曹节的宦官弄权，害死大将军窦武；后来新的皇帝又宠信宦官“十常侍”，后又有大将军何进想要诛杀十常侍，结果何进反被宦官所杀。何进被杀之前又曾召集董卓进京帮忙，结果何进被杀后，董卓又进京把持了朝政。可是董卓并非良善之辈，是一个有军队有武力的残暴之徒。董卓进京后又做出了很多天怒人怨的事情，继续扰乱朝纲。此时还因为民不聊生的原因，爆发了“黄巾起义”。这就是当时的“三乱”。三乱中，作者又重点详尽地描写了“外戚、宦官干政”和“董卓乱京”。在作者心中有着“人祸大于天灾”“天灾也因人祸而起”的鲜明仁政思想。三乱之后，东汉政权已经名存实亡。各地方集团便借平乱的时机纷纷发展自己的力量，扩展自己的利益，整个社会各种利益集团蜂拥而出。到袁绍召集人马讨伐董卓之时，有名有姓的大集团居然就有十八个，号称“十八路诸侯”。这十八路诸侯听起来唬人，可个个心怀鬼胎，有为私利克扣粮草的、有为保全自己不出力的、有“捡”到玉玺悄悄归于自己的……作者如同亲历般把这些内容自如地融入历史的大事件中，也向大家表明“群雄逐鹿”的时代已经不可避免地到来了。讨伐董卓最终没有成功，每个军阀都心怀鬼胎，不能齐心合力，等于一盘散沙，怎么可能成功呢？但是罗贯中在这次讨伐的描写中，巧妙地用了很多笔墨，精心描写了还算不上诸侯的弱小的“曹操”“刘备”。在这次讨伐中，虽然曹刘二人还很弱小，但他们身上的雄才大略已经藏不住了，预示着未来在他们手中。在重大的历史事件中，罗贯中仿佛水到渠成地描绘了“孟德献刀”“温酒斩华雄”“三英战吕布”等精彩故事。这几个故事主要讲了曹操借献宝刀之名，想要除去权臣董卓，结果没有成功而出逃；在虎牢关，诸侯们遇到董卓手下名将华雄，无人能敌，当时只是一个马弓手的关羽自告奋勇去与华雄交战：“‘酒且放下，我去去便来。’关羽出帐提刀，飞身上马。众诸侯听得关外鼓声大振，喊声大举，如天摧地塌，岳撼山崩。正欲探听，只听见马铃响处，关羽已经回来了，提着华雄的头，掷于地下，那杯酒还是温的……”在十八路诸侯讨伐董卓的过程中，刘备、关羽、张飞三位英雄齐战吕布，并打败了当时武艺最强的吕布……故事中的人物也个性鲜明，比如曹操的“敬重英雄”、刘关张的“英勇无畏”、吕布的“有勇无谋”、袁绍的“优柔寡断”，等等。

“三分天下”“三国归晋”的历史进程，也这样被罗贯中娓娓道来。就这样，罗贯中在宏大的历史画卷中，自如地讲述着一个个精彩的故事，得心应手地描绘着一个个形象鲜明的人物。突然觉得，罗贯中不是在写历史，而是在历史的平台上通过对人物事件的描写，表达着自己对“仁政、明主、贤相、英才”相结合的理想社会的追求。

第三节　史诗一般的战争场面

天地一体，江山沉默，唯朗月当空普照，江水奔腾不息。长江两岸万马齐喑、舟船无声，一场决定命运的赤壁大战在罗贯中的历史画卷中徐徐展开。

赤壁之战是中国历史上以弱胜强的著名战役之一。交战一方，是以曹操为首的强大的北方集团。当时，曹操平定了北方各军事集团，“挟天子以令诸侯”率领二十余万人马（曹操自己号称八十万人马），想要进一步扫荡江南各地。另一方，是以东吴军事集团和刚被曹操打败的刘备集团残余部队组合成的孙刘联军，军事统领是东吴大将周瑜。孙刘联军据记载最多五万人。他们在赤壁鏖战，最后用火攻大败曹军。这场以弱胜强的战争最终奠定了三国鼎立的局面。这场战争背景宏大、人物众多、条件复杂、意义重大。

这一历史事件在罗贯中《三国演义》的历史画卷中得到了精彩的艺术

呈现。从“刘豫州败走汉津口”到“关云长义释曹操”，罗贯中用了整整九个章回来精心描画这场战争。我们试着把这场战争分为这样几个阶段。第一阶段为形势判断，统一人心。小说借诸葛亮和周瑜之口分析曹军虽貌似强大实则外强中干，诸如“不得人心”“不习水战、水土不服”等。从此孙刘同心，坚定抗曹。第二阶段为战略决策。小说仍然以孙刘两方主要人物诸葛亮和周瑜来推进故事发展，依据敌强我弱等形势制定出“火攻”为主的方略。第三阶段为实施推进，这一阶段交战双方斗智斗勇，谋略巧计层出不穷，环环相扣。曹军终入陷阱，失败已不可避免。第四阶段为终极决战。这一阶段火烧江北，大败曹军，三分天下初定。

赤壁之战，头绪繁多，史实复杂。罗贯中在纷纭繁复的史实面前，运笔自如，用剪裁巧妙的布局，大经大纬的彩笔，叙写了一幕幕伟大生动的历史活剧。他把这一重要的历史事件精心组织成一个个扣人心弦的故事。诸葛亮“舌战群儒”“智激周瑜”“草船借箭”；周瑜“力主拒曹”“巧使反间计”；黄盖“巧用苦肉计”“火烧敌船”；庞统“巧授连环计”；关羽“义释华容道”……每个故事又都十分精彩。“草船借箭”讲的是因为东吴统帅周瑜气量狭小，看到诸葛亮胜过自己，又是刘备的谋臣，所以想借机除掉诸葛亮。周瑜就制造借口，要诸葛亮在十天之内造十万支箭，并立下军令状，到期交不出箭来，就可按照军法办事，把他杀死。结果诸葛亮自己却表明态度，说自己只要三天就能完成十万支箭的任务。三天已经是很短的时间了，偏偏诸葛亮在前面两天还不见动静。这些都令读者们为诸葛亮着急不已。结果第三天夜里，诸葛亮用二三十条小船，并在船上扎上草人，假意攻击曹军。诸葛亮利用大雾天气，曹军不敢出战的心理，骗取曹军射箭，并满载而归。罗贯中就是这样把历史虚构成这样扣人心弦的故事，引人入胜。“巧使反间计”讲的是曹操用周瑜儿时好友蒋干来劝降周瑜。周瑜将计就计，诱使曹操杀了曹军里唯一懂水战的大将的故事。这些既相互联系又独立成章的故事就像放电影一样，一幕幕在我们面前徐徐展开，从容不迫又精彩绝伦。罗贯中不把战争的武力对决放在重点去写，而是重点写跌宕起伏的政治联盟过程、英雄们运筹帷幄统揽全局、决胜千里的智谋，完整地呈现了战争的前因后果，立体呈现了战争的全景图。我们读到的不仅仅是战争，更是全方位地体会到当时的政治、经济、文化以及伐谋、攻心、统筹等战争全景。

《三国演义》中描写了大小战争百余次。其中最为著名的莫过于三大战役：官渡之战、赤壁之战、夷陵之战。每场战争罗贯中都能写得有张有弛、节奏分明、生动立体并令人叹服。罗贯中通过农民起义军的经历和历练，逐渐成长为军事家和谋略家，因此写起来得心应手，让我们阅读起来身临其境。

所以有人说《三国演义》也是中外战争小说的经典之作。

第四节　浓墨重彩的“隆中对”

如果说整个三国是一幅生动的历史画卷，那么以刘备为首的蜀汉就是罗贯中浓墨重彩的核心部分。陈寿所作史书《三国志》对刘备是这么评价的：“恢弘果毅，性情宽厚，知人善任，礼贤下士，颇有汉高祖刘邦之风度，怀英雄豪杰之气量。”或许这样的人正是罗贯中心中“仁君”的形象，所以在《三国演义》里，罗贯中有着明显的情感倾向，那就是赞美以刘备为首的蜀汉集团。当然还有一种说法，刘备是皇室宗亲，在那个认同身份的年代里，刘备就成了正统。整个《三国演义》故事也是以刘备集团为核心展开的。

刘备虽然有远大的抱负，也有坚韧的品质，但确实屡战屡败，一直无立锥之地。直到“卧龙”出山、“隆中对”出世，以刘备为首的蜀汉才登上了历史舞台。可以说，没有“隆中对”就没有“三分天下”的历史格局。罗贯中围绕“隆中对”这一伟大的战略决策的出现，精心构筑了“三顾茅庐”的精彩故事。故事中先是有世外高人水镜先生——司马徽的推荐，司马徽赞扬诸葛亮有“兴周八百年的姜子牙，兴汉四百年的张子房（张良）”的才能，得之便可得天下。后又有徐庶“走马荐诸葛”的故事，徐庶把诸葛亮与自己相比：“譬如驽马并麒麟，寒鸦配鸾凤。”如果自己是一匹劣马，那诸葛亮就是仙兽麒麟；如果自己是乌鸦，那诸葛亮就是凤凰。赞扬诸葛亮有经天纬地之才，盖天下第一人。诸葛亮还没有出来呢，已经通过别人的语言，给我们逐渐勾勒出了一个旷世奇才诸葛亮的形象。刘备心里急呀，更想得到诸葛亮的辅佐了。在三顾茅庐的故事中，关羽的不屑、张飞的鲁莽，寒风的凛冽、酷暑的艰辛都没有动摇刘备求贤若渴之心。终于他在第三次于卧龙岗的隆中与诸葛亮见面，并请年仅二十七岁的诸葛亮出山相助。诸葛亮精辟地分析了当时的形势，提出了首先夺取荆州、益州作为根据地，对内改革政治，对外联合孙权，南抚夷越，西和诸戎，成三国鼎立之势，再等待时机，两路出兵北伐，从而统一全国的战略思想和宏伟蓝图。这就是“隆中对”。诸葛亮的“隆中对”为刘备成就蜀汉大业规划了一条明确又完整的内政、外交政策和军事路线，相当周详地描绘出了一个“三分天下”进而统一全国的蓝图。“隆中对”的构想如黑暗中的明灯，点亮了刘备的希望。“得孔明”如“鱼儿得水”就是刘备当时内心情感的体现。以后，刘备占荆州、攻益州、平汉中，终于有了自己的根据地，建立起以成都为首都的蜀汉政权，“三分天下”的历史格局终于形成。后来关羽“大意失荆州”，这让诸葛亮“隆中对”的战略构想缺失了重要的一块拼图。刘备为报仇发动对东吴孙权的“夷陵之战”，违背了诸葛亮最初的战略构想。这最终导致“隆中对”的战略决策并未能完全实现。

刘备死后，诸葛亮一直实践着“隆中对”的战略构想。“七擒孟获”的故事就是讲诸葛亮七次擒获少数民族首领孟获，又七次放了孟获，最后让孟获心服口服，臣服于蜀汉的故事。这个故事对应的就是“隆中对”中“南抚夷越”的思想。诸葛亮一直坚持“联合孙权”的策略，刘备死后吴蜀两国再无战事。后来，诸葛亮按照“隆中对”构想，六出祁山北伐中原，一直到诸葛亮积劳成疾、心力交瘁，病逝于五丈原，终未能实现“兴复汉室”的目标。

有人说如果没有“大意失荆州”和“夷陵之败”，“隆中对”的战略构想是不是可以实现？历史没有“如果”，是非成败转头空，不以成败论英雄。不管结果如何，“隆中对”的战略思想和决策都是三国历史画卷中最亮丽的一道风景。诸葛亮这位了不起的政治家、军事家闪烁的思想光芒，在罗贯中描绘的三国历史画卷中光彩夺目。

第五课 《红楼梦》："花谢花飞"的鲜明形象

第一节 一个穷途潦倒的"富二代"

曹雪芹从小就是一个"公子哥"。他的祖父曹寅在少年时做过康熙的"伴读"，就是陪着皇子读书的儿时伙伴。康熙当了皇帝后，当然不会忘记儿时的伙伴，所以曹家几代人都担任了"江宁织造"这一官职，其间又曾兼任两淮巡盐御史。家世显赫，有权有势，极富极贵，曹家成为当时南京第一豪门。据说，康熙皇帝下江南，都是曹家负责安排接待的，可见曹家在当时的富贵与地位。曹家也是读书之家，祖父曹寅也是一位著名的诗人、学者。聪明的曹雪芹耳濡目染，从小便积累了深厚的文学基础。幼时的曹雪芹在温柔富贵乡享受了一段锦衣纨绔、富贵风流的公子哥生活，日子过得心满意足："每日只和姊妹丫鬟们一处，或读书，或写字，或弹琴下棋，作画吟诗……十分闲消日月。"

"一朝天子一朝臣"，到雍正皇帝继位，曹家"因罪"被抄家。曹雪芹十三四岁时，随着全家迁回北京。回京后，曹家愈加穷困潦倒，生活艰难。"生于繁华，终于沦落"，曹雪芹的家世从鲜花簇拥之盛，一下子落入凋零衰败之境，使他深切地体验着人生悲哀和世道的无情。"在那贫穷潦倒的境遇里，很觉得牢骚抑郁，故不免纵酒狂歌……"曹雪芹的内心一定有着一般人没有的悲剧体验和感伤情绪，但曹雪芹从来没有泯灭对生活的热爱。传说，曹雪芹家里人给他找了个差事。毕竟曹雪芹家也是皇族内亲，所以他当过一段时间的皇家侍卫。就在那时，皇帝要建圆明园。这倒方便了曹雪芹。每回当差，他都注意观察，也认识了很多人。什么种花的、修园子的、画画的。一有空，他就找人家聊天，了解了很多事情。曹雪芹爱热闹，不以结交百姓朋友为耻。当时，他跟不少老百姓交了朋友。他那些侍卫朋友都觉得他跟农民土包子瞎胡混掉身份。曹雪芹不这么想，农民一不蒙他，二不骗他，对他还挺好。尤其是，他能从老百姓那里听故事。后来，他把自己的这些经历和所见所闻都写进了《红楼梦》。还传说，曹雪芹特别喜欢喝酒，经常一边喝酒一边吟着李白的诗句“自古圣贤多寂寞，唯有饮者留其名”“天子呼来不上船，自言臣是酒中仙”，这是曹雪芹因自己的人生际遇而借酒抒情，借酒解愁呀。曹雪芹为了能喝酒，还用没有完成的《红楼梦》做交换。那时候，《红楼梦》还没写完。曹雪芹好多朋友都知道这事儿，都想抢着早看。有时候，曹雪芹就放话儿，“谁请我喝酒，我就让谁先看。”别说，就这招儿，曹雪芹还真没少糊弄酒喝。

此一时期，曹雪芹虽然住草庵，但写诗、画画、游江南，和朋友一起喝酒、狂歌……并且在朋友的影响下树立了著书立说、立德立言的远大志向，曹雪芹开始创作鸿篇巨制《红楼梦》。他已经不再是当年那个“公子哥”了。

曹雪芹的经历和体验成就了诗人一样的曹雪芹。他以诗人的敏感去感知生活，去表达自己的人生体验。他以实际生活中的真实人物做模特，对生活的素材进行了细致入微的筛选，以贾宝玉和林黛玉的爱情以及贾府由盛转衰为主要线索，将众多人物和复杂、纷繁的事件编织在一起，筋络相连，纵横交错。精心选择的家庭琐事生活与时代变迁紧密结合，让人感受到波澜壮阔，汹涌澎湃。

他以诗人的触角去关注人物内心的颤动。他对人物的内心描写极为深入和细致，表现出人物心灵深处隐秘曲折的情感。在他的笔下，自然界的春夏秋冬，阴晴圆缺都巧妙地表现着人物的喜怒哀乐，充满神韵，让人久久回味。

他以诗人的眼界把故事创造成诗的意境。他用故事中的诗词、谜语、酒令、花名影射人物的品格和归宿；他诗意地描绘各种馆阁楼台以及活动的环境，其实却表现的是人物的气质和性格；故事中人物的名字都如诗如画，充满诗情画意……

诗词歌赋、戏文小说、美食养生、医药茶道无所不知的"诗人"曹雪芹，坚持"所叙的人物，都是真的人物"的"诗人"曹雪芹，用真诚描画出一个个生动鲜明的形象，为世界创作出难以企及的现实主义伟大作品《红楼梦》。中国现代著名作家王蒙说："《红楼梦》是最好的文学作品，最好的小说，没有之一。"

第二节　天上掉下个林妹妹

《红楼梦》是以贾宝玉与林黛玉的爱情故事为线索展开的。

贾宝玉原是女娲补天遗漏的一块补天石，数千年来接受日月精华修炼成仙，成为仙界的神瑛侍者。林黛玉原是这块补天石旁边的一株绛珠草，修炼成仙的神瑛侍者每日浇灌这株绛珠草。这珠绛株草也许因为沾了仙气，修炼成人形，终日生活在离恨天外，渴了就饮灌愁海的水。后来，神瑛侍者要下凡历劫，绛珠草也下凡要报神瑛侍者的灌溉之恩，并说："要用这一生的眼泪"报恩。神瑛侍者下凡投胎于贾府成为贾宝玉，绛珠草也下凡成为贾宝玉的表妹，于是在贾府演绎了一场相知相爱、悲金悼玉的感情大戏。《红楼梦》一开篇就用仙界故事把两位主人公不同凡响的形象呈现给大家。他们非伧夫俗人，而是出凡尘而不染的一对玉璧。

林黛玉的母亲去世后，小黛玉便被送到贾府，与外祖母贾母一家一起生活，她和贾宝玉相见了。小黛玉在来贾府之前，听闻贾府公子贾宝玉是位性格乖张、不通世务、怕读文章的愚顽之辈，并不想见他。但是一见面，黛玉便吃一大惊，却见宝玉“面若中秋之月，色如春晓之花”，心下想道：“好生奇怪，倒像在那里见过一般，何等眼熟到如此！"贾宝玉见到林黛玉“闲静时，如姣花照水；行动处，似弱柳扶风”时，却一直是笑。宝玉笑道：“这个妹妹我曾见过的。”贾母笑道：“可又是胡说，你又何曾见过他?”宝玉笑道：“虽然未曾见过她，然我看着面善，心里就算是旧相识，今日只作远别重逢，未为不可。”宝黛初见，便都有似曾相识的心灵感应，两人一见如故。当宝玉听闻黛玉没有和他一样的通灵宝玉时，登时发作起痴狂病来，摘下那玉，就狠命摔去，骂道：“什么罕物，连人之高低不择，还说‘通灵’不‘通灵’呢！我也不要这劳什子了！”吓的众人一拥争去拾玉。宝玉满面泪痕泣道：“如今来了这么一个神仙似的妹妹也没有，可知这不是个好东西！”宝黛见面即相知，但两人的表现却完全不一样。小黛玉是“惊”，而且只在心中默想。表面看是小黛玉知书达礼，实则是小黛玉因为母亲去世，自己寄人篱下，处处小心谨慎不轻易表现出自己的喜怒哀乐，心思极细。又与“闲静如姣花照水，行动似弱柳扶风”的形象描写相照应，一个体弱、美丽又玲珑剔透的小黛玉形象跃然纸上。小宝玉却把自己心中所想直言直语表达出来，还狠命摔掉通灵宝玉而“满面泪痕”，为自己独有通灵宝玉伤心不已。小宝玉是贾府公子，集万千宠爱于一身。表面看是小宝玉任性不已，仔细想小宝玉的直率、坦诚以及对“天上掉下的林妹妹”的深深喜爱的形象就像在我们面前一样活灵活现。《红楼梦》的故事才刚刚开始，两位主人公的形象就深深烙印在每一个人的心中。

整部《红楼梦》中，慈爱的贾母、八面玲珑又铁腕的王熙凤、敢爱敢恨的晴雯、刚烈的尤三姐……几十个人物形象风采多姿又具有强烈的生命冲击力。曹雪芹对人物的刻画精准而富有神韵，用语极其精炼生动。“字字看来皆是血，十年辛苦不寻常”，他对人物形象的刻画像诗人般“用情至深”，让人沉醉。

第三节 精明强干，人前人后的“凤辣子”

王熙凤是《红楼梦》中不得不说的重要人物。她是贾母的孙媳妇，深得贾母的信任，是贾府的实际大管家。如果说贾府的各类人物组成了一张网，那么王熙凤一定处于这张网的中心位置。

凤姐的辣，是通过贾母之口说出来的。宝黛初相见时，王熙凤出场了。只听后院中有笑语声，说：“我来迟了，不曾迎接远客！”……只见一群媳妇丫鬟拥着一个丽人从后房进来。这个人打扮与姑娘们不同，彩绣辉煌，恍若神妃仙子……一双丹凤三角眼，两弯柳叶吊梢眉；身量苗条，体格风骚；粉面含春威不露，丹唇未启笑先闻。贾母笑道：“你不认得她：她是我们这里有名的一个泼皮破落户儿，南省俗谓给‘辣子’，你只叫他‘凤辣子’就是。”……凤辣子出场就不同凡响，“不见其人，先闻其声”，还没有见到人，王熙凤的“辣”味就已经飘满整个屋子。这就是林黛玉初识的“放诞无礼”的“辣”凤姐。王熙凤看见林黛玉后，又笑道：“天下真有这样标致人物！我今儿才算见了！况且这通身的气派，竟不象老祖宗的外孙女儿，竟是个嫡亲的孙女，怨不得老祖宗天天口头心头，一时不忘。只可怜我这妹妹这样命苦，怎么姑妈偏就去世了！”说着便用帕拭泪。凤姐一出场，满屋内便只有她一个人的说话声，她先是赞美黛玉“标致”，顺手就恭维了贾母；接着又为黛玉幼年丧母伤心拭泪，以此来讨取贾母的欢心；等到贾母责备她不该说这些伤心话来招她时，她又“忙转悲为喜”，自责“竟忘记了老祖宗，该打！该打！”然后又以当家少奶奶的身份，一面安顿黛玉，一面吩咐婆子们……先闻其声，再见其形，再看见她的各种“表演”。一个善于察言观色，心机灵敏又“放诞无礼”的“凤辣子”形象就出现在我们面前了。

王熙凤的“辣”还体现在精明强干上。王熙凤帮助治理宁府乱象，第一件事就是建立新的规则。她对来升媳妇道：“既托了我，我就说不得要讨你们嫌了。我可比不得你们奶奶好性儿，由着你们去。再不要说你们这府里原是这样的话，如今可要依着我行，错我半点儿，管不得谁是有脸的，谁是没脸的，一例现清白处治。”又对大家说“说不得咱们大家辛苦这几日，事完你们家大爷自然赏你们。”有胆有识、严格管理且恩威并施的王熙凤确实担得起“凤辣子”之名。

王熙凤的“辣”还体现在一个“狠”字上。这方面在《红楼梦》里面有很多描写。她惩治丫头时，说这个“垫着磁瓦子跪在太阳地下，茶饭也别给吃”，“便是铁打的，一日也管招了。”她呵斥丫头“拿绳子鞭子，把那眼睛里没主子的小蹄子打烂了”，而且威吓要用烧红的烙铁烙嘴，要用刀子来割肉，而且当即就拔下那个簪子来戳小丫头的嘴，扬手一巴掌打得那个小丫头立刻两腮紫胀……王熙凤的出手之重、之狠，是名副其实的“辣”。在下人的眼里，王熙凤就像一股森然的冷气，真是叫人不寒而栗。

王熙凤是一个丰富的人物形象，不能简单地用“好人”和“坏人”来区分。她有胆有识、精明强干，是一位胜过许多男儿的女中豪杰。但她又心机深沉、心肠狠毒，又是具有“蛇蝎”特点的狠毒妇人。《红楼梦》中的王熙凤其实也是一位悲剧人物。一个偌大的贾府没有她这样的人物管理，根本无法正常运转，但在贾母去世，贾府衰败时，她也无能为力。在她生病后，有人觊觎她在贾府中曾经的地位，有人因为之前她的狠毒，都巴不得她早点死去。最后的“凤辣子”也只落得悲惨死去的下场。曹雪芹“机关算尽太聪明，反误了卿卿性命！”这一句话是王熙凤一生的写照。

第四节　个性鲜明的小人物

《红楼梦》中有很多的“小人物”，每一个都给我们留下极其深刻的印象。

刘姥姥膝下无子，和女儿女婿一起生活。因生活艰难，刘姥姥便想了一个办法，到荣国府去“打秋风”。刘姥姥第一次进荣国府运气不错，王熙凤给了她二十两银子。第二次进荣国府更把荣国府变成了一场盛宴。曹雪芹在一个个精彩的场景描写中把人物形象表现得淋漓尽致。

我们先来看看这个场景。贾母这边说声“请”，刘姥姥便站起身来，高声说道：“老刘，老刘，食量大似牛，吃一个老母猪不抬头。”自己却鼓着腮不语。众人先是发怔，后来一听，上上下下都哈哈的大笑起来。史湘云撑不住，一口饭都喷了出来；林黛玉笑岔了气，伏着桌子叫“嗳哟”；宝玉早滚到贾母怀里，贾母笑得搂着宝玉叫“心肝”；王夫人笑得用手指着凤姐儿，只说不出话来；薛姨妈也撑不住，口里的茶喷了探春一裙子；探春手里的饭碗都合在迎春身上；惜春离了座位，拉着她奶母叫“揉一揉肠子”……只是一个“笑”，你就会觉得曹雪芹对人物形象刻画的用力至深。湘云豪爽，故是笑得喷饭；黛玉怯弱，故是笑岔气并连声“哎哟”；恃宠而骄的宝玉则是“早滚到贾母怀里”；年长一些的王夫人笑得说不出话但用手指着凤姐，心中一定说的是“看你干的好事”；年龄小的惜春叫“揉一揉肠子”……。千姿百态的笑，展现了丰富的人物个性。这是一段凤姐与鸳鸯联手做戏，暗地里嘱咐刘姥姥扮丑卖乖，引老祖宗及众人发笑的场景。贾府众人的笑几乎是一种看戏、耍猴的心态。表面看，刘姥姥是没有了自尊，但这其实又何尝不是刘姥姥因生活所迫、岁月沉淀出来的生存之道呢？后来，也许是良心不安，凤姐与鸳鸯向刘姥姥道歉，刘姥姥却笑道：“姑娘说那里话，咱们哄着老太太开个心儿，可有什么恼的！你先嘱咐我，我就明白了，不过大家取个笑儿。我要心里恼，也就不说了。”原来，刘姥姥什么都明白。刘姥姥的形象瞬间令人感动，那是一种乡下人才有的淳朴，那是一种体验了生活艰辛之后的豁达。

从可怜到可爱到可敬，这就是刘姥姥，一个小人物，但在曹雪芹笔下却神采独具，魅力四射。她心地善良、风趣幽默、善于察言观色又不失质朴、知恩图报、有情有义……这些善良纯朴的美德与贾府处处心机的勾心斗角、树倒猢狲散的人情淡薄形成了鲜明的对比。

焦大是贾府第一代的奴仆。当年正是焦大冒着生命危险将贾府的祖宗从死人堆里背出来，保住了性命，这才有日后贾府的百年繁华。曹雪芹对焦大着墨不多，但一样让人印象深刻。焦大喝醉了酒，便破口大骂：“咱们红刀子进去，白刀子出来。”本来是白刀子进去，红刀子出来，可是醉酒后的焦大就颠三倒四了，可不是醉老头的形象？他还骂“那里承望到如今生下这些畜牲来。”焦大是酒醉心明白，太爷是立过大功的，而现在这些后代呢，一代不如一代。曹雪芹通过焦大之口，表现出人们对这个家族的没落和社会腐败的失望和焦急之情。焦大这个名字，不正是“焦急之大”吗？曹雪芹用心之深处处可见。

《红楼梦》中还有一些小人物如宝玉的书童茗烟，引出小说故事的甄士隐和贾雨村等。红楼梦里到底写了多少人，没有做过详细的统计，有名或姓的人就有四百多。重要的是《红楼梦》中的每一个小人物都会给你留下深刻而丰满的印象。读者会强烈地感受到曹雪芹对人物以及故事的精心设置和描绘，但同时又觉得所有的人物表现和故事都自然而然、水到渠成。

走进曹雪芹，走进《红楼梦》，只需轻轻地漫步，你就能感受到作者如水如诗的情怀和呕心沥血的真诚。读懂《红楼梦》，不是一朝一夕，需要我们倾注一生，爱上它，你的人生路会散发文化的气息和诱人的芬芳……

第六课 《儒林外史》：极具讽刺的“冷幽默”

第一节 吴敬梓：写书人冷眼看众生

“浩荡天无极，潮声动地来。鹏溟流陇域，蜃市作楼台。齐鲁金泥没，乾坤玉阙开。少年多意气，高阁坐衔杯。”

一位翩翩少年，正在朗声诵读自己短短的时间里，刚刚创作出的诗歌。他站立在高高的阁楼上，望着浩荡的大海，听到气势如虹的潮水之声，百川汇海、海市蜃楼的景象展现在他的头脑中。他在胸中徜徉起横看齐鲁、纵观天下的豪迈奇想，抒发着自己年轻气盛、高阁与宴的豪情。坐满这阁楼的那些成年的文人雅士，无不为少年的雄阔和志向所折服……写这首诗的人正是少年吴敬梓。传说这是少年吴敬梓赴一场名士的宴会，踌躇满志间登上县城的高阁，当众作的一首五律《观海》，使得满座皆惊。今天我们再读这首诗，一样会感受到少年吴敬梓的意气风发和才气逼人。吴敬梓出身官宦人家，年少时饱读诗书，经常随父亲游历各地，因而见多识广。聪明好学的吴敬梓很早便在文学上展露出过人的才华，成为远近闻名的少年才子，“读万卷书，行万里路”说的就是他这样的人。

据说与他接触之人很容易被他高雅的气质与非凡的眼界所折服。但是，少年成名的吴敬梓在成年后却屡次科举不中。究其原因是当时的清朝官场政治已趋腐败，科举制度的弊端显现，许多怀才不遇的莘莘学子因无钱通行“潜规则”或者不愿通行“潜规则”而被拒于庙堂大门之外，官场制度因而更加腐朽。加之吴敬梓的父亲过世后，族中亲友对家产虎视眈眈，更令他亲身体会到世态炎凉，饱尝人情冷暖，索性放弃了科举之途，离家搬迁至南京，后半生专心于长篇讽刺小说《儒林外史》的创作。

命运的无情翻开了吴敬梓辛酸的一页，也同时成就了吴敬梓的伟大。在吴敬梓后半生的岁月里，不仅功名无望，且经济状况也日渐窘迫，常常需要卖文以换银钱谷米，甚至连家中珍贵的藏书也不得不送进当铺维持生计。加之原本出身官宦人家的吴敬梓又生性豁达，不善营生，对朋友乐善好施，慷慨救急，尽管家境已十分艰难，依然爱好宾客交游，所以生活愈加艰难。

传说吴敬梓全家五口人，挤在一间又矮又黑又潮的小屋里，遇到天雨屋漏墙破之时，只好在墙边垒几块石头，屋顶盖点茅草，聊以遮风挡雨。到了冬天屋里没有柴生火，单薄的破被无法御寒，吴敬梓的双手冻麻了，提笔都很困难，写出来的字也是歪歪扭扭的。他只得在手上哈哈气，搓搓手，再接着写。寒风袭来时，吴敬梓饥寒难熬，就跳下床，邀约几个穷朋友，乘着月光，出南门，绕着城墙走上几十里路。他们一边走一边谈诗论文，一直走到天明，才各自大笑而去。吴敬梓把这样的活动称之为“暖足”。年少的意气风发与此时的穷困潦倒形成了鲜明的对比。在此期间，他接触到了各类名流雅士，也亲眼见证了社会底层劳动人民生活的艰难困苦，生活阅历愈发丰富。在与形形色色的达官贵人周旋的过程中，吴敬梓逐渐领悟到封建科举制度的弊端。饱尝世态炎凉之后的他，开始痛恨官场的腐败与追逐功名利禄的过程中造成的人性扭曲，他把自己这一系列愤世嫉俗的感慨，全情投入到他的长篇讽刺小说《儒林外史》之中。历经多年修改调整，终于完成了这部不朽的著作。

与曹雪芹有着类似经历的吴敬梓，既经历过相对富足的生活，熟悉那些达官贵人的贪婪刻薄，又经历了穷困潦倒的生活，看惯了趋炎附势、落井下石的“小人”。吴敬梓就如同拥有了“火眼金睛”，那些利欲熏心的商人、迂腐疯癫的考生、卑鄙无耻的市侩、虚伪透顶的假名士……在吴敬梓的面前“无所遁形”。吴敬梓总能通过这些人的生活场景、细节，直达他们的内心深处。他更要鞭挞、讽刺、嘲笑这个癫狂的社会。《儒林外史》所讽刺的形形色色的丑恶人物和事件，都是当时社会中实际存在或是曾经出现过的事情，可以说是从生活中司空见惯的事物中摄取而来。事实的可笑、可鄙、可恶和不合理的特性都跃然纸上。吴敬梓在小说中从不加入自己的观点或评价，只是用心写尽人物和社会的各种场景，但读者却能深深体会到文字中的内蕴，余味无穷。鲁迅曾高度评价长篇小说《儒林外史》的艺术成就，认为它达到了我国古典小说讽刺艺术的高峰，使后来者难以为继。

第二节　范进：浑浑噩噩的读书人

“胡屠户行凶闹捷报，周学道校士拔真才”是《儒林外史》中极为精彩的篇章之一。主人公范进是个读书人，他一直生活在穷困之中，又一直不停地应试，考了二十多次都没有考中。谁知时来运转，他遇到了周学道。周学道名叫周进，也是一个在六十多岁才考中举人的主考官。或许是因为看到范进也和他一样五十多岁了还执着于科举，有了一种同病相怜的感受。所以，他便戴着“有色眼镜”看起了范进的试卷。第一遍拿着范进的文章仔细看着——看不懂写的是什么文章。不行，必须再看一次！周进又看范进的文章，还是不太明白。大才必有怪，周进打起十二分精神，第三次看，这一次，他突然有了灵魂附体的感觉，越看越赞，好文章，妙啊……我们不知道范进到底写了什么文章，但是，周学道大人在三遍的阅读中，居然从读不懂到读出了“妙”的感觉。我们也不知道这位周学道主考官是不是真的有“识人”之才，反正范进就这么在五十四岁的年龄稀里糊涂地考中了个秀才，后来又在周大人的鼓励下居然官运亨通考中了举人。范进就这么稀里糊涂、莫名其妙地高中了。这就是那时像吴敬梓那样有真才实学的人永远也无法考中的畸形的科举。

在范进中举之前，家里已经没有早饭米了，母亲吩咐范进道：“我有一只生蛋的母鸡，你快拿集上去卖了，买几升米来煮餐粥吃，我已是饿的两眼都看不见了！”范进一家的生活已进入绝境了。范进“抱着鸡，手里插个草标，一步一踱的，东张西望”可就是没能卖出去，可见这读书人已经迂腐到没有一点基本生活能力了。老丈人胡屠户说他是“现世宝”，他居然“唯唯连声”，不作辩解；为参加乡试去借盘缠，又被胡屠户“一口啐在脸上，骂了一个狗血喷头”，他听着那些不堪入耳的话，卑怯之至，屈辱之至。受尽讥笑嘲讽的范进已经被科举折磨得麻木不已。

当他得知自己真的中了举人，先是“看了一遍，又念一遍，自己把两手拍了一下，笑了一声道：‘噫！好了！我中了！’说着，往后一交跌倒，牙关咬紧，不省人事。接着“他爬将起来，又拍着手大笑……不由分说，就往门外飞跑……”然后“一脚踹在塘里，挣起来，头发都跌散了，两手黄泥，淋淋漓漓一身的水，众人拉他不住。拍着笑着……散着头发，满脸污泥，鞋都跑掉了一只，兀自拍着掌，口里叫道：‘中了！中了！’”对范进高中后疯癫的描写看起来似乎很夸张，但是当时读书人热衷于科举，更何况范进二十岁开始应试至今已有三十四五年，在如此漫长的等待之后，他的愿望终于变成现实，又怎能不惊喜得发疯呢？可是就这样一位高中举人的范进，在母亲去世后居然请别人来给母亲写墓志铭，这是怎样的一位浑浑噩噩的读书人啦！表面是夸张，其实是辛辣地讽刺了当时社会科举制度对人的荼毒与残害。

故事中还有一位读书人张乡绅，在范进中举后就急忙来拜访。张乡绅先说：“适才看见题名录，贵房师高要县汤公，就是先祖的门生，我和你是亲切的世弟兄。”范进一中举，张乡绅就来攀亲戚了。接着张乡绅又是送银两又是送房屋，还说：“你我年谊世好，就如至亲骨肉一般；若要如此，就是见外了。”可是，范进中举之前生活那么艰辛，这位张乡绅又到哪里去了呢？真是道貌岸然、趋炎附势之辈。

吴敬梓用夸张的笔法描绘出的一幅幅“疯癫”的图画，就像一面照妖镜，照出了罪恶的科举制度下的人性扭曲。

第三节　娄家公子：附庸风雅的伪名士

《儒林外史》中娄三、娄四是娄府的两位公子，他们的父亲是当朝宰相。他们一直喜欢结交文人志士，定期举行“莺脰湖大会”，方便自己接纳诗词名士。

娄三、娄四从一位老人口中知晓了杨执中，后又读到署名杨执中的一首好诗，便认定杨执中是一位高人名士。那首诗是这么写的：“不敢妄为些子事，只因曾读数行书；严霜烈日皆经过，次第春风到草芦。”其实这首诗是元代吕思诚《戏作》中的名句，根本不是杨执中写的，而是他抄袭古人的诗句而已。作为诗词名士大会的主持人娄家二公子，居然也不知道这首名句，真是滑稽得很。

两位公子历经各种艰难终于找到杨执中后，杨执中向二公子推荐了权勿用，说：“三先生、四先生如此好士，……我有一个朋友，姓权，名勿用，……此乃是当世第一等人。”听了杨执中的一番叙述推荐，娄氏兄弟可谓是仰慕之极，最终将此高人揽入幕下。权勿用又是怎样的一位高人呢？他全然没有谋生的本领，既不会种田，又不会做生意，在乡邻们眼里是个“不中用的货”，真的是位“全无用”之人。他在街坊上骗人过日子，口里动不动说：“我和你至交相爱，分甚么彼此，你的就是我的，我的就是你的。”他虽然自诩为高人，实际上已堕落成专靠骗混过日子的无德文人。权勿用自诩为“高人”，却根本不懂基本礼节。他去相府拜客，却穿着一身孝服。在路上，他“一味横着膀子乱摇”，不是帽子被人家挑柴的扁担勾住带走，就是一头撞到官轿上去，还“向着官指手画脚的乱吵”，出了许多洋相。对于权勿用能够进入娄府，并且地位尊崇，杨执中的引荐功劳极大。然而，只因杨执中小儿子杨老六偷了其五百文钱，权勿用就与杨执中绝交了，哪里有半点名士风范。

《儒林外史》中还重点写了一位“名士”的转变。匡超人年少时心地善良，事亲孝顺，是个淳朴可爱之人。马二劝他用功读书，应试科举才是“光宗耀祖”“显亲扬名”的唯一途径，并且资助他回乡攻读，后来成了秀才。他在结识了一帮假名士后便开始了蜕变。他先是忘恩负义，在曾经对他不薄的潘三哥被捕以后，他却很冷静地说“潘三哥所做的这些事，便是我做地方官，我也是要访拿他的。”可是，他却曾是和潘三哥一起干坏事的人，只不过潘三哥被捕后并没有把他供出来。他还看不起曾经有恩于他的马二先生。此时匡超人不念半点旧日情分，哪里看得出一点名士的气节？匡超人进京途中还在其他人面前大肆地吹牛撒谎：“我的文名也够了……读书的人……供着‘先儒匡子之神位’。” 结果被别人一语点破：“所谓‘先儒’者，乃已经去世之儒者，今先生尚在，何得如此称呼？”可见匡超人已经变成无知又无耻之人。匡超人就是这样被这个污浊的社会引导成无耻之徒，活脱脱一副寡情薄义、虚伪、撒谎的伪名士嘴脸。

吴敬梓在书中描写了一大批这样的所谓“名士”。如冒牛布衣之名的牛浦郎，趋炎附势的景兰江，迂腐的马二……就是这样一类的名士却经常举行所谓文人盛会。那场“莺脰湖大会”这样描写：“当下牛布衣吟诗，张铁臂击剑，陈和甫打哄说笑，伴着两公子的雍容尔雅，蘧公孙的俊俏风流，杨执中古貌古心，权勿用怪模怪样……”“两边岸上的人，望若神仙。”作者用极其冷静的白描方式，深刻地讽刺了一群昏头昏脑，怪模怪样的小丑、骗子、无赖却又附庸风雅的伪名士形象。吴敬梓尽情地嘲弄他们，矛头却指向制造这些丑类的社会。

第四节　严监生：形形色色的真市侩

吴敬梓在《儒林外史》中还辛辣讽刺了不同阶层的市侩人物。

严监生是一位让人印象深刻的人物。严监生家财万贯。他病危时说不出话，只是伸着两个指头。其他人不明其意，严监生心急如焚：“他就把头摇了两三摇……他两眼睁的溜圆，把头又狠狠摇了几摇，越发指得紧了……他听了这话，把眼闭着摇头，那手只是指着不动。”一直到赵氏说：“爷，别人都说的不相干，只有我晓得你的意思……你是为那灯盏里点的是两茎灯草，不放心，恐费了油。我如今挑掉一茎就是了。”说罢，忙走去挑掉一茎。众人看严监生时，点一点头把手垂下，登时就没了气。临死都只记挂着自己财物的严监生，完全是那时人们的一种社会病态反应。吴敬梓描写的这一经典镜头已经成为了吝啬鬼的标准画像。其实严监生并不可恨，他只是对自己太吝啬而已。他的哥哥严贡生才是一个十足的无赖和骗子。严贡生无孔不入地巴结官员，恬不知耻地吹嘘自己与官僚的亲密关系，借此来抬高自己的身价地位；他对老百姓敲诈勒索，欺骗恫吓，无所不为；亲兄弟病危和死去后，他没有哪怕一点点悲哀，还要尽各种手段侵贪弟弟严监生的家庭财产。这是一个怎样的世道？直让人唏嘘哀叹不已。

《儒林外史》中有一位“侠士”，名叫张铁臂。娄家两位公子一心想做孟尝君那样的名士，就把张铁臂养在家里，奉为座上宾。一日深夜，张铁臂从娄府的屋檐上跳下来，满身是血，手里还提着一个包裹，把娄府众人都吓了一大跳。他信誓旦旦地告知娄家两位公子，包裹里装着一个人头，且是他仇家的人头，现在仇已报，只剩下一个恩人的大恩还未报，亟需五百两银子去报恩……娄家二公子给了张铁臂五百两银子，让他报恩去了。他这一去就再也没有回来。这二公子只得打开包裹看，结果让人啼笑皆非，原来那包裹里不是人头，而只是一个猪头。张铁臂哪是什么“大侠”，其实只是“鸡鸣狗盗”的伪大侠。当然追逐虚名的娄家公子也成了人人皆喷饭的笑柄。

“范进中举”故事中的老丈人胡屠户也是一个很有特点的市侩。范进中举前潦倒穷困，胡屠户辱骂他为“现世宝”“穷鬼”，说他“尖嘴猴腮”；他听见范进想借盘费去考乡试，便尖酸刻薄地讽刺范进，又叫范进“撒抛尿”照照自己的样子，骂他“癞蛤蟆想吃天鹅肉”；他摆出长辈的架子，要教导范进做人的道理，免他“惹人笑话”……范进中举后，他立马变了一个人，称赞自己够眼光，“认得人”选了个好女婿；他不敢打疯了的范进，说女婿是“文曲星”下凡，打了天上的星宿，会被发落十八层地狱；与范进一同回家只敢跟在后面，当他看见女婿衣裳后襟起了皱褶，竟然“一路低着头扯了几十回”……吴敬梓通过胡屠户在范进中举前后的自大与自贱的完全相反的表现，让这种市侩小市民的嘴脸暴露无遗。

吴敬梓在《儒林外史》中用自己的“火眼金睛”毫不留情地刻画出了当时尖酸刻薄、庸俗势利、追求名利、世态炎凉的可耻的社会风气，对当时社会及其阴暗的特征进行了辛辣的讽刺。

第七课 《镜花缘》：理想与现实的精彩漫画

第一节 李汝珍的理想与现实

李汝珍博学多才，不仅精通文学、音韵等，还精于围棋。他对数学也很有研究。但他又性格直率，对科举八股文颇为厌恶，对官场人情风气也极为反感，所以，他也一直没有在官场谋得高位。李汝珍的真实资料留存并不多，但是关于他的传说故事却不少。

据传说，有一次李汝珍参加科举考试，由于他为人正直，待人热心，一到那里就帮助赶考的人做这做那，解难济困，所以深得众位应考学生的信任。在开考前的晚上，他发现了被人逼着自杀的一对母女，因为想要救下这对母女，自己反而被收了贿赂的县官关押了。后来，一众考生为了救李汝珍，均不去考试，急坏了主持考试的官员，询问各位考生，结果考生回答："读书原为求官做，眼见贪官不为民，早知应试入囚车，不如回家学种田。"监考官知道后大怒，命令县官马上放人，可是他们仍然不去考试。监考官再问缘由，李汝珍说："小人虽得救，民冤却未伸，贪官害寡妇，天理难容情。"最终，县官贪赃枉法的事情暴露了。众考生这才跟监考官入了考场，但是李汝珍却看透了官场黑暗，决定弃考返乡。所以，他虽然一身文采，但是一直到死都只是个秀才。虽然这只是一个传说，但却与李汝珍的人生极为一致。

中年以后，李汝珍更是无意谋官，便潜心钻研学问，用了二十年的时间写成了文学名著《镜花缘》。《镜花缘》是中国文学史上的一部熔幻想小说、历史小说、讽刺小说和游记小说于一炉的文学作品。小说前半部分描写了唐敖、多九公等人乘船在海外游历的故事，包括他们在女儿国、君子国、无肠国等国的经历。后半部写了武则天科举选才女，由百花仙子托生的唐小山及其他花仙子托生的一百位才女考中，并在朝中有所作为的故事。故事以武则天开设女子科考为背景，透过落第秀才唐敖游历海外各国的奇遇，把读者引入了一个光怪陆离的神秘世界。在《镜花缘》里，作者以辛辣而幽默的文笔，嘲讽那些金玉其外、败絮其中的冒牌儒生；以漫画的手法，嘲讽和批判种种品质恶劣和行为不端的人们；尽情赞美了女子的才能，反对封建社会男尊女卑的思想；描写了自己心中“礼让不争”的理想国度。这些内容都充分表现了李汝珍对虚伪、无知、行为不端的现实的讽刺和批判，表达了自己追求平等、美好、和谐的理想。他写的《镜花缘》很有特点，夸张地把现实生活中人和社会的特点，想象变换成具体的奇特形象：现实中两面三刀的人，变成“两面国”的两面人，刻薄之人变成“无肠国”里的富翁……他也把自己的理想具体描画成一个个理想的国度：“女儿国”里的男女平等的思想，“君子国”的“惟善为宝”的执政理念等。他用一个个有具体情节的故事和夸张的具体形象，用漫画的手法，对生活中的丑恶现实进行了无情的讽刺，也把自己的理想寄托于那些美好国度之中。

关于李汝珍还有另外一个传说。李汝珍曾经担任过叫“县丞”的一种小地方官。由于当地各种天灾人祸导致人民忍饥挨饿。有一次，为皇上送粮的贡船在当地停留了一晚，李汝珍任由灾民偷抢贡粮，而后李汝珍被撤职。老百姓想要挽留他，最后也只留下他的一只靴子。老百姓用红布把靴子挂在城墙上，作为圣物朝拜。从这个传说中，我们也可以看出李汝珍虽然得到老百姓的热爱，但自己的理想却不可能在当时的现实中得到实现。这种理想与现实的强烈反差，让李汝珍只能把自己的理想和批判融入到自己的文学作品《镜花缘》中。

“平时嫉八股，冷眼对功名。傲世文章阔，悠然豁性情。”这就是李汝珍的真实人生写照。

第二节　游历在梦想的理想之国

《镜花缘》中唐敖、林之洋、多九公等到海外去游历的故事充满趣味。他们途中经过了许多国家，见识了许多奇风异俗。

他们经过的第一个国家就是“君子国”，看到了完全不一样的买卖场景。有一名在衙门里当差的小兵去买东西，向卖主询问了价钱后说：“你老兄的货物质量高，怎么这么低的价钱呢？我如果买去，心里会不安呐！你应该加价，我才好买……”卖主回答说：“你来照顾我的生意，我感激不尽！但是刚才我的要价已经很高了，我都觉得我有些脸皮厚，没想到你还说我价钱太低了，岂不叫我惭愧？今天老兄不但不减价还要加价，我怎么卖给你呀？”谈了许久，卖货人执意不加价。这个小兵赌气，照数给钱，只拿了一半货物就要走，卖货人哪里肯依，只说“价多货少”拦住不放。路旁走过两个老翁，作好作歹，从公评定，令小兵照价拿了八折货物，这才交易而去。接着小说又描写了另一笔交易。这笔交易中的买方认为货色鲜美索价太低，而卖方则坚持自己的货色既欠新鲜，又属平常。最后成交时买者尽挑了次等货物，引起公众议论，说买者欺人不公，买方只好将上等货与下等货各携一半而去。第三笔交易的双方是在银子的成色和分量上发生了争执。付银的一方硬说自己的银子成色欠佳，分量不足，而收银的一方则嫌成色超标。无奈付银人已走远，收银人只好将他觉得多收的银子送给了过路的乞丐。在现实中，人们总是交相争利，甚至为了利益，不顾道德仁义。“君子国”的买卖双方，却一反常态——卖方减价，买方加价。君子国里的人，个个都以自己吃亏让人得利为乐事。《镜花缘》在此创造了一个“礼让不争”的国度。

“君子国”宰辅（主持国家的最大官员）是吴之和、吴之祥兄弟，吴氏兄弟“鹤发童颜，满面春风，举止大雅”。他们居住的地方清贫而雅致。“两扇柴扉，周围篱墙，上面盘着许多青藤薜荔，门前一道池塘，塘内俱是菱莲……厅外一看，四面都是翠竹……”吴氏兄弟虽贵为宰辅，却未像权贵般将宅邸装修得富丽堂皇，也没有妄自尊大、趾高气扬的可憎面目。他们是谦恭有礼、祥和儒雅之士。这个国家的国王有严格的规定：“如果臣民向国王进献珠宝，那么不但要将珠宝烧毁，还要对进献之人处以刑罚。”国王就这样杜绝了众人贪财好物之心，导之以德，上行下效，潜移默化。“惟善为宝”就是君子国的精神内蕴。君子国中“耕者让田畔，行者让路。士庶人等，无论富贵贫贱，举止言谈，莫不慕而有礼”。唐敖们在这里见证了君子国的风度。

君子国是一个作者眼中的理想国，上至国王与吴氏宰辅，都属于权贵身份，却有谦让善良之心，虚怀若谷之风；下至平民百姓，耕者让田畔，行者让路，且各安其业，不贪名求利，构成了一个谦和有礼的国度。在那里人人向善，君主开明，社会安定富足。作者所写“君子国”既是对现实社会的不满和讽刺，也是作者心中向往的乌托邦（理想之国）。

《镜花缘》中还描写了一个“大人国”，此国以足下之云的颜色来分等级。云会因人的道德水平而有不同的色彩，代表着不同的道德等级。在“大人国”里，世俗的尊贵权势、财富名位，都起不了作用，最高的准则，乃在于“善”。哪怕是小庙的僧人、落魄的乞丐，只要心存善念，便可彩云随行，在“大人国”里也可以成为尊贵之人。所以“大人国”里的人民遇见善事，莫不踊跃争先，毫无小人习气，而有大人之德，世人才以“大人国”称之。李汝珍在这个国度的故事中表现了自己鲜明的观点，那就是“道德的贵贱，与社会地位并没有绝对的关系。人之贵贱是由道德水平的高低决定的。”

“君子国”和“大人国”就是李汝珍心中的理想之国。

第三节　自尊自爱的女性群像

封建社会是一个以男性为主的社会，提倡的是“男尊女卑”“女子无才便是德”的封建思想。女性在那样的社会里根本就没有该有的社会地位。身处封建社会的清朝文人李汝珍却在《镜花缘》中竭力赞美女性，这在当时是很了不起的。《镜花缘》以女皇武则天时代为背景，用一众花仙子下凡为故事的引子，塑造了栩栩如生的各类优秀女性形象，展现了女性对自由和人性解放的追求。

《镜花缘》中的女性有主见，独立性强。唐敖的女儿唐小山因为得知父亲离家要去修仙时，没有啼哭，而是坚决果断做出寻父的决定。还对母亲说：“若教母亲一人前去，女儿何能放心？还是母亲同兄弟在家，女儿去的为是。若为如此，就让母亲寻见父亲，父亲也未必肯来。”这就是独立又至情至理的唐小山。她在与叔叔谈到女子科举考试时说：“侄女并非要去做官，因想当今既是女皇帝，自然该有女秀才、女丞相……”掷地有声的话语，表达了女性当家做主的心声。

《镜花缘》中的女性学富五车、多才多艺。唐敖、多九公在黑齿国的女学塾中遇到红红、亭亭，这两名十四五岁的少女最引人注目的是她们极有才学，诗书礼乐无所不通。她们和多九公、唐敖讨论学问，涉及音韵文字、学术流派，口若悬河、咄咄逼人，弄得满腹才学的多九公面红耳赤，汗流满面。在武则天皇宫中的上官婉儿更是“学问非凡”“才情敏捷”“作诗又快又好，朝臣无不拜服。”在《镜花缘》的后一部分还记叙了百名才女相会的情景。她们阔谈琴、棋、书、画、医、卜、星相、灯谜，这些女性的广博才学让男子汗颜。书中还描写了神箭手骆红渠、女中剑侠颜紫绡等胜过无数男儿的女中豪杰，真是巾帼不让须眉。

小说中的无数优秀女性，用自己的才能获得了社会的尊重。她们用自立自强、自尊自爱的形象，打破了当时社会的男尊女卑的社会传统。

小说中唐敖们在女儿国的游历，更是鲜明地表达了作者对现实中“男尊女卑”思想的批判。李汝珍想象了一个以女性为中心的社会。在女儿国，恰恰是“女尊男卑”。“男子反穿衣裙，作为妇人，以治内事；女子反穿靴帽，作为男人，以治外事。”从皇帝到辅臣都是女子，不论是处理政治事务以及从事生产劳动，女子的智慧才能都不比男子弱。男儿林之洋误被女王选为王妃，首先得缠足，所谓“缠足”，就是裹小脚，要有“三寸金莲”之美。可怜的林之洋十个脚趾都烂了，化为脓水。这只是夸张，但他所受的痛苦古代妇女都必须经历，有谁可怜过她们？作者安排一个男人去女儿国反串妇女的角色，用一个男人血和泪的亲身经历，来体验封建社会中女性所受到的身体和精神上的摧残，使千百年来人们习以为常的社会传统，在强烈的反差比照之下暴露出种种扭曲的不合理。

李汝珍的《镜花缘》将女性描写为一个个独立的个体，希望女性也和男性一样受到教育和平等参政，反映出作者对男女平等、女子和男人具有同样社会地位的良好愿望，这也是一曲对女性的赞歌，这在当时的封建社会是了不起的进步。

第四节　荒诞离奇的生活写照

《镜花缘》中的唐敖、多九公、林之洋总共经历了三十三个海外国家，其中所描写的很多国家都是对现实的极大讽刺。

“两面国”的人天生两张脸，对着人一张脸，背着人又是一张脸，即使对着人的那张脸也是变化无常的。两面国的人对别人的态度反差巨大。小说中唐敖、林之洋初见两面国人时，唐敖衣着华贵、林之洋衣着寒酸，当唐敖上去与两面国人交谈时，两面国人和颜悦色、满面谦恭，让人觉得可亲。而当他们面对身着布衫的林之洋时，脸色立即变得冷冰冰了，也不再谦恭。这是两面国人的第一次变脸。而后来唐敖与林之洋换衣之后又一次面对两面国人时，两面国人对林之洋谦恭，而对唐敖冷淡起来。由此可见，态度变化的根本原因，在于衣着所表现出来的人的富贵贫贱。唐敖还介绍道："小弟暗暗走到此人身后，悄悄把他浩然巾揭起。不意里面藏着一张恶脸，鼠眼鹰鼻，满面横肉。"林之洋说："俺同这人正在说笑，妹夫猛然揭起浩然巾，识破他的行藏，登时他就露出本相，把好好一张脸变成青面獠牙，伸出一条长舌，犹如一把钢刀，忽隐忽现。""两面国"之人在被人识破真相后就凶相毕露，显现出卑鄙凶恶的本相来。另有一个"翼民国"，翼民国人皮肤焦黑，长得异相，身高不足五尺，一颗头颅却有两尺长。这里的人最喜奉承，爱戴高帽子，每天都戴，满头尽是高帽子，所以渐渐把头弄长了。李汝珍就像给我们描画出了一幅幅精彩的漫画。"两面国"的所见所闻，讽刺了当时的本性无耻却又套上虚伪的假面具，且趋炎附势的无耻之徒和令人恶心的社会现实。"翼民国"则讽刺了现实社会中那些阿谀奉承之辈。

作者还以辛辣而幽默的文笔，嘲讽那些金玉其外、败絮其中的伪道士们。在"白民国"装腔作势的学究先生，居然将《孟子》上的"幼吾幼，以及人之幼"读作"切吾切，以反人之切"。（《孟子》中"老吾老，以及人之老；幼吾幼，以及人之幼"的意思是：尊敬自己的长辈，也应该尊敬别人家的长辈；爱护自己家的孩子，也应该爱护别人家的孩子。）这样的不学无术之辈，又是视"一钱如命"，尽想占便宜的唯利是图者。"淑士国"到处竖着"贤良方正""德行耆儒""聪明正直"等金匾，各色人等的衣着都是儒巾素服。他们举止斯文，满口"之乎者也"，然而却斤斤计较，十分吝啬，酒足饭饱后连吃剩下的几个盐豆都揣到怀里，即使一根用过的秃牙杖（牙签）也要放到袖子里。作品以内外对照的手法揭露这些假斯文的酸腐气，淋漓尽致地讽刺了现实生活中那些"读书人"的丑态。

《镜花缘》还从《山海经》中选取材料进行再创造，比如"无肠国"的故事。顾名思义，无肠国的人没有肠子，所以吃饭一过就饱。于是"他因所吃之物，到了腹中随即通过，名虽是粪，但入腹内并不停留，尚未腐臭。所以仍将此粪好好收存，以备仆婢之下顿之用……并且三次、四次之粪，还令吃而再吃，必至闹到‘出而哇之’，饭粪莫辨，这才‘另起炉灶’。”这真是让人觉得吝啬至极、恶心到家。

《镜花缘》的故事情节虽然看起来荒诞离奇，但所写到的虚伪、奉承、吝啬等等无不是现实生活的写照。李汝珍正是凭借他丰富的想象、幽默的笔调，通过夸大和变形的漫画手法，写出了社会中可笑又可悲的各色丑陋之人，用戏谑的方式讽刺了当时的社会现实。

第八课　“三言”“二拍”拍案惊奇讲故事

第一节　冯梦龙与他的俗世生活

冯梦龙从小好读书，他的童年和青年时代与封建社会的许多读书人一样，把主要精力放在诵读经史以应科举上。然而他的科举道路却十分坎坷，屡试不中。他长期生活在社会的底层，或授徒、或编辑书籍来维持生活。因为与底层人民长期接触，冯梦龙特别喜欢来自底层民众的通俗文学。他认为通俗文学为“民间性情之响”“天地间自然之文”，是真情的流露。

冯梦龙喜欢收集民歌、笑话、故事并进行整理和编撰。冯梦龙记录了一个划船的农民即兴对歌的故事。这个农民只顾唱山歌，一不小心划船碰着了大官的船。大官也喜欢民歌，就说：“你如果把这件事编一首歌，就放了你。”农民马上编出了一首很好的山歌。大官听了很高兴，不但放了他，而且还请他一起来吃酒。从这个故事中可以看出冯梦龙对来自民间的通俗文学的喜爱。有这样一个很有名的笑话：“有一个慢性子的人，冬天与别人围炉取暖，见别人衣服的边角被火烧着了，于是慢吞吞地对那人说：‘有一件事，我早就发现了，想对您说，又怕您沉不住气；不对您说，又怕您损失太多，那么到底是说好呢还是不说好呢？’那人问到底是什么事。回答说：‘火烧着您的衣服边了。’那人于是赶快把火灭了，对他吼道：‘既已发现，为什么不早告诉我？’慢性子人说：‘我说您会性急的吧，果不其然！’”像这样有趣又充满人生智慧的笑话也被冯梦龙整理出来并流传至今。

冯梦龙最有名的还是根据当时的话本和收集的通俗故事加以创编的白话小说——《喻世明言》《警世通言》《醒世恒言》，合称“三言”。冯梦龙是一个重感情的人，他心中一直憧憬人与人之间“爱”的永恒，他也相信“善有善报”的因果轮回。在《三言》中他赞美人与人之间的友谊，斥责背信弃义的行为；他讴歌正义，抨击奸臣、恶霸。尤其在那个“男尊女卑”的封建社会，他勇敢地赞美有情有义又刚烈的女性。《杜十娘怒沉百宝箱》就是其中的优秀代表。小说写的是杜十娘爱上了李甲，可李甲竟在金钱引诱和个人利害考虑下，把她出卖给富商孙富。杜十娘愤恨填膺，在痛骂李甲之后，就抱着自己辛苦积攒的有各种珍宝的百宝箱，投身于滚滚波涛之中，用自己的青春和生命，维护了她对爱情的理想。其实，宋元以来很多说书的话本都空洞无物，只一味突出怪异荒诞。冯梦龙却在这些故事中融入了自己的情感，把一个个空洞无味的故事人物创造成有血有肉、情感丰富的动人形象。为爱牺牲的白素贞，敢爱敢恨的杜十娘……这些融入冯梦龙自己情感的经典形象早已深入人心。他坚持“以情教人”的思想，所以他改编的故事既感染人又总是给人以精神的启迪。他的短篇白话小说的魅力深刻影响着中国短篇小说的创作。

冯梦龙在大约六十岁还担任过县令。在担任县令期间，他努力减轻民众负担，解决百姓生计。他还消除匪祸虎患，抵御倭寇，崇文兴教，充分展现了他爱民、务实、清廉的形象。冯梦龙是一位爱国者。在清军侵入后，他以七十岁的高龄一直奔走在“反清复明”的大业中，后来在七十三岁时忧愤而亡。当然，他最大的成就还是在文学上，他勤于创作，一生创作编撰了五十余种作品。在小说、戏曲、民间歌曲等方面都作出了杰出贡献。

为了纪念冯梦龙，在苏州的原冯梦龙故居更名为“冯梦龙村”。冯梦龙这位了不起的以真情表达人性的文学家，永远活在人们心中。

第二节 缘起白娘子

“断桥残雪”是西湖十大美景之一，去西湖游览的人必去此景点。而著名的断桥与流传着的一段美丽的爱情故事紧密相连。就在这断桥上蛇妖白娘子和许仙相识，互相爱慕，由此而产生了一出可歌可泣的爱情悲剧。白娘子终因爱情而献身。这就是流传至今、家喻户晓的《白蛇传》的故事。人们对白娘子的悲惨遭遇同情、怜悯，又对白娘子的精神赞叹不已。

《白蛇传》的故事起源于唐代，到明朝的《清平山堂话本》里有一则《西湖三塔记》的故事就是讲白蛇的故事。不过，当时《西湖三塔记》中的故事与现在的《白蛇传》相差甚远。故事讲的是一位叫奚宣赞的人机缘巧合被一婆婆邀请至家中，看见一美貌白衣妇人，对这位妇人产生了好感并一起喝酒。这时有仆人提议说：“娘娘，今日新人到此，可换旧人。”随后不知从哪里冒出来两个大力士，把一个白脸后生绑在柱子上，剖开他的肚皮，取出心肝，拿给妇人和婆婆下酒。宣赞惊恐不已，却无路可逃，被白衣妇人扣留下来做她的丈夫。后来在别人帮助下他逃回家中。到了第二年的清明，婆婆找上门来，又把宣赞抓了回去，还要取他心肝。数日后，奚宣赞的叔叔、在龙虎山学道的奚真人前来降妖，结果那个白衣妇人是蛇妖。奚真人把妖怪装在铁罐中，安置在湖中心，并造了三座石塔镇住妖邪。故事中的蛇女可不是善类，她凶残阴险，诱惑人间男子只为夺其性命。其实这个故事除了有些神奇怪诞之外，就没有什么“营养”价值了，反而表现了封建社会不能正常地“谈情说爱”和歧视女性的封建礼教。如果人一旦产生了情感，就会遇到妖邪，而且往往遇到的是以女性形象出现的妖邪，说明当时社会警告人们压抑自己的情感，不要对情感有欲望。《西湖三塔记》就是这样不允许有人性、人情的故事。

冯梦龙说：“天地若无情，不生一切物。”在他的心中世间万物都应该是有情感的，有情才有这五彩缤纷的世界。所以，冯梦龙用自己的主张，以民间的口述和话本为基础，加以整理、创编，最终写成有情有义的《白娘子永镇雷峰塔》。故事讲了白娘子断桥边遇许宣并爱上了许宣；又巧用借伞和还伞与许宣定下姻缘；因许宣无钱迎娶白娘子，白娘子便偷窃官银；许宣惹上官银案，白娘子一路跟随……，直到被法海镇压在雷峰塔下。与《西湖三塔记》相比，故事中的人物形象丰满起来了：真情直率的白娘子、反复无常的许宣、忠心耿耿的青鱼精青青、法力高强的法海。《白娘子永镇雷峰塔》里最大的变化，就是对白蛇形象的改写。蛇妖白娘子更具有人的特征。她根本没有谋害许宣的心思，而是对这位小生充满了迷恋。断桥的相遇令她认定自己就该和许宣做一世夫妻。故事中的白娘子有着很强的独立意识。当许宣因自己发配苏州而责备“未婚妻”时，白娘子感到生气：“我将银子安在床上，只指望要好，那里晓得有许多事情？我见你配在这里，我便带了些盘缠，搭船到这里寻你。如今分说都明白了，我去也。敢是我和你前生没有夫妻之分！”法海要降妖时，白娘子说：“禅师，我是一条大蟒蛇。因为风雨大作，来到西湖上安身，同青青一处。不想遇着许宣……一时冒犯天条，却不曾杀生害命。”虽然，白娘子最终被压雷峰塔下，但白娘子却成了一个为了爱情不顾一切的牺牲者，得到更多人的同情。冯梦龙用自己的人性感悟改写成的《白娘子永镇雷峰塔》，与先前压抑人性人情的白蛇故事完全不同，为后来人继续对白蛇故事的改编定下了基调。又经过很多人的改写，才有了今天“许仙与白娘子”的经典爱情故事。《白蛇传》也与《牛郎织女》《梁山伯与祝英台》《孟姜女哭长城》并列为我国四大民间爱情传说。

“悠然漫步西湖边，碧波如镜柳如烟。旧日断桥在眼前，不见白蛇与许仙。”今天的人们漫步在断桥上，身处其境，手抚桥栏，追古思今，相信每个性情中人都会生出无限的感慨。每个到此的天涯游客都会产生无尽的追思与怅然。

第三节　人间烟火缭绕的善与恶

冯梦龙还写了许多有着真性情的小市民的故事，宣扬人世间的真善美。

施复是《施润泽滩阙遇友》故事中的小商人，在卖绸回来的路上，拾到六两多银子。他开始很高兴："有了这银子，再添上一张机，一月出得多少绸，有许多利息……算到十年之外，便有千金之富。"作为普通小市民，有这样的想法合情合理。但他转念又想道："这银两若是富人掉的，譬如牯牛身上拔根毫毛，打甚么紧，落得将来受用……倘然是个小经纪，只有这些本钱，或是与我一般样苦挣过日……这两锭银乃是养命之根，不争失了，就如绝了咽喉之气……"施复毕竟不同于那些贪婪无厌的剥削者，当他想到可能给失主带来的严重后果时，毅然地把银子退回了失主。冯梦龙通过对主人公的两次心理活动描写，真实地写出了小市民的善之人性。失主朱恩也是个以"蚕桑为业"的小市民，对施复这种行动不能不感激万分。

后来施复养蚕缺桑叶，至洞庭山去买，在滩阙地方无意遇上了朱恩。朱恩为报答他的友谊，要杀鸡款待，施复制止了朱恩，让他不要杀那只鸡。结果到了晚上睡觉时，突然那只鸡大叫起来，施复赶紧离床去看，就在此时，房屋上的车轴掉下来正好砸碎了施复睡觉用的床。鸡又救了施复的命。朱恩以桑叶接济他，让他不必乘船去洞庭湖的另一边置办桑叶，结果其他乘船去置办桑叶的人，遇到翻船，大多淹死了。他却免于覆舟……后来施复家境越来越好，想要扩大工坊规模，正好邻居要出售自家房屋。可是没有人买邻家房屋时，邻家愿意低价出售，当施复要买时，邻家却"比原价反要增厚，故意作难刁蹬，真征个心满意足，方才移去。那房子还拆得如马坊一般。"这个小情节的描写，正反映出冯梦龙对小市民的熟悉与了解，也批评了个别小市民的"市侩"行为。施复没有计较，买下了邻家的房屋，岂料施复竟然在房屋中又得到一笔财富……故事歌颂了两个小市民之间的友谊，还通过故事告诉人们“善有善报”的因果轮回。虽然这样的“善有善报”的因果轮回故事充满了迷信色彩，但故事中宣扬的“人性本善”的思想却教育引导着人们。如果人人都用“善良”为这个世界献出一份爱，那这个世界该有多美好。

《桂员外穷途忏悔》则是揭露、批判朋友间的忘恩负义，并“恶有恶报”的故事。小说写桂富五做买卖失利，在债主的威迫下，想投水自尽。朋友施济出资相救，得免危难。后桂富五发迹暴富，而施济去世。寡妻严氏携幼儿求救于桂员外，却遭到了冷遇和奚落。严氏因而怄气而死。作者痛恨桂员外的忘恩负义，最后让他全家变狗以示惩罚。这个故事从反面教育大家人要“知恩报恩”不可“忘恩负义”，知恩图报的人终得善果，忘恩负义之人不得好报。冯梦龙始终坚持用故事中的真情来教育广大的民众。

冯梦龙对通俗文学的重视，反映了他尊重人民大众的思想和行为。许多事实说明他特别重视人民大众，在文学中处处为底层民众着想。冯梦龙收集、整理、创作了很多赞美底层人民的故事，这些故事中敢爱敢恨的女性、爱憎分明的小市民都集中表现了冯梦龙对于每一个生命体人性的尊重。冯梦龙曾说：“下下人有上上智。”这就是说，处在社会下层的劳动人民，他们的智慧可以是最高的。这个认识在当时的社会可是非常了不起的。冯梦龙还举了许多历史上的事例来证明，很有说服力。他还说水往低处流，智慧和水一样，也是低处最多。“人有智，犹地有水。地无水为焦土，人无智为行尸。智用于人，犹水行于地。地势坳则水满之，人事坳则智满之。”有人说冯梦龙是“千古第一奇人”，他的奇不仅仅在文学创作上，更在于在当时那个封建社会里，他对于人性的尊重上，这种思想在当时是了不起的进步。

第四节 凌濛初：被翻刻的百姓故事

凌濛初是和冯梦龙同时期的人物，他非常喜欢冯梦龙的“三言”中的故事。他主张小说家应该写普通人的日常生活，认为日常起居中那些不可以常理推测的事情才是真正令人称奇的素材。这和冯梦龙的书写底层民众为己任的观点不谋而合。于是他便在冯梦龙的“三言”之后，又模仿“三言”创作编撰了两部白话短篇小说集。那就是和“三言”齐名的“初刻拍案惊奇”和“二刻拍案惊奇”，简称“二拍”。后人把“二拍”与冯梦龙的“三言”合称为“三言二拍”。

凌濛初也对当时的一些旧书籍中的故事进行了创编。往往在原书中不过数十字，仅记叙旧闻，了无意趣的故事，经凌濛初改写，则变成文情并茂的数千字，抒情写景，引人入胜。很多作品反映了明代市民生活和他们的思想意识。

《转运汉遇巧洞庭红》写商人泛海经商的事情。主人公文若虚，在国内经商破产，一次偶然和一些商人出海经商，他因没有本钱，只好带了只值一两多银子的洞庭红，不料到了海外，竟卖了八百多两银子。回来的路上，在过一荒岛时又捡到了个珍宝，因此大发横财，成了一大富商。《叠居奇程客得助》写徽州商人程宰因经商失败，“怕归来受人笑话”而流落关外，后来为海神所垂爱，得其指点，先后通过囤积药材、丝绸和粗布发了横财。这是两个典型的小商人的故事，正面描写了商人经商的不易，以及通过自己努力和机缘巧合“发财”的事。凌濛初在这样的故事中表明了争取生活幸福是底层人民的基本权利的进步思想。

《乌将军一饭必酬》的故事很有特点。讲的是吴江县的小商陈大郎，在购货途中遇见一个生得十分“古怪”的陌生人，遂邀其在酒楼上吃了一顿午饭。两人随即分手，各奔前程。两年多后的一天，陈大郎忽闻母亲有病，先让妻子和妻弟去服侍。十余日后，得知他俩根本未到陈母处。陈大郎到处打探，都无踪影。又过了月余，他决定前去普陀进香还愿。回家途中，忽遇飓风袭击，在一个小岛上，撞上了谋财害命的强盗，将其捆绑至头领面前。谁知头领竟是从前在酒楼上一起吃过饭的乌将军。两人以礼相待，畅叙旧情。席间才知陈大郎之妻及妻弟也被掳在乌将军处。乌将军了解到是陈大郎的家眷，念前一饭之恩，给予热情款待。至此，陈大郎家人重会，欢喜异常。他和乌将军也成了莫逆之交。以后陈大郎财运亨通，很快成了当地的巨富之家。故事通过陈大郎家人最终团聚的故事，刻画了一个“知恩必报”的强盗头领——乌将军的鲜明形象。呈现在我们面前的乌将军是“英豪”“情深义重”的“奇男子”，根本不像统治阶级所咒骂的那般“十恶不赦”的盗贼，而是一个十分可亲可敬的义士。凌濛初认为真正的强盗，不是这些所谓打家劫舍的绿林好汉，而是那些“误国欺君，侵剥百姓”“张牙舞爪，诈害乡民”的大臣、公子、举人、秀才。这就是凌濛初，敢于勇敢批判官僚，又毫不吝啬地赞扬那些在统治阶级眼里“不入流”的平民英雄。

凌濛初的作品反映了凌濛初的思想，他一生中始终关爱底层百姓，为底层百姓的生活竭尽全力。据记载，凌濛初曾担任上海县丞一职（基层官员），后调任徐州，“离任之时，上海百姓痛哭流涕，攀辕卧辙，竞相追送。”可见，他与底层民众的感情很深。凌濛初后来成为明末著名将领何腾蛟的手下，曾为何腾蛟立下汗马功劳。一次保卫战中，凌濛初率众御敌，终因敌众我寡，濒临失败。浑身是伤，已无力再战的凌濛初，为保全百姓，连呼三次“无伤吾百姓”自尽而亡。敌人也敬佩凌濛初，居然没有杀害一个老百姓。明末名将何腾蛟赞誉他说：“文辞播宇宙，比眉山（指苏轼）而多武略；忠义贯日月，媲睢阳（指张巡）更著蜚声。”

第九课 《聊斋志异》：用狐仙鬼魅讲现实人间

第一节 摆在大树下的故事铺子

要说讲故事的高手，非蒲松龄不可，他写的《聊斋志异》故事流传很广，现在很多电影电视剧都以他写的《聊斋志异》故事为蓝本，而且还反复被重拍。他为什么这么会讲故事呢？我们先来听听关于他而流传下来的故事。

十字路口，茂盛的老槐树下，地面铺上竹席，放置茶叶和烟罐。一位教书先生模样的人，席地而坐，等待人们来免费喝茶或者抽烟。说是免费，其实还是要付出的，只不过不是给钱，而是为这位教书先生讲故事。这位先生就是蒲松龄，平时教书，空闲时就在这个十字路口邀人讲故事。蒲松林实际上是一个很有才学的人，他年仅十九岁就考中秀才。说来也怪，蒲松龄在接下来的科举考试中极不得志，虽满腹经纶，乡试却屡试不中。蒲松龄从小就对神魔妖事、奇闻怪事着迷，不管考取功名的结果如何，他都喜欢听取各种故事，并记载下来，这就相当于给自己建立了一个丰富的材料库。

蒲松龄记载下了很多有意思的故事：有讲奇人异士的——可以剪个纸的月亮照明，或者能够把月亮拿下来放在自己怀里，没有月亮的时候照照；有讲抑郁不得志的落魄书生遇到狐怪并得到帮助，甚至得到爱情的——这类故事蒲松林很是喜欢，或许因为他也是落魄书生。还有讲贪官污吏欺压百姓故事的……

晚上，皎洁的月光透过窗栏，油灯下的蒲松龄在自己的“聊斋”书房里开始整理这些故事，回想自己的人生际遇，满腹才学却落得个光景凄凉，生活艰辛。他对现实充满着不满，也对和他一样的人们充满着同情。他心中想要改变这一切。

月光中，那些白天听来的故事中的简单人物，仿佛鲜活地来到他的面前。精魅鬼怪的精灵，或狐女，或花神，或鬼魂；美丽，灵性，智慧，他们大都倾心于像蒲松林这样的落魄不得志的书生，用自己的力量改善书生的生活，还不求回报……人间不可能发生的事情在蒲松林的故事里充满情谊地发生了。蒲松龄就这样把自己心中的话，寄托于这些故事中。他把别人讲的简单故事按照自己的意愿，进行加工创作，让那些花妖狐怪更加形象丰满，让故事表达着自己的愿望。他用《促织》《席方平》等虚幻的故事，揭露、嘲讽贪官污吏、恶霸豪绅贪婪狠毒的嘴脸；他用《司文郎》《考弊司》《书痴》等故事无情地揭开了科举制度的黑幕，勾画出考官们昏庸贪婪的面目，剖析了科举制度对知识分子灵魂的禁锢与腐蚀，谴责了考场中营私舞弊的风气；他用《聂小倩》《鸦头》等狐鬼精灵与人的恋爱故事，塑造了如聂小倩、红玉、婴宁、香玉、青凤等很多很多容貌美丽、心灵纯洁的女性形象，赞美人间坚贞、纯洁的爱情及为了这种爱情而努力抗争的底层妇女、穷书生们。他还用《画皮》《崂山道士》等奇闻异事警告人们要有正直的品行，做一个有道德的人。在现实生活中备受打击，又有世事不平的人生经历，使蒲松龄把自己的理想寄托于上天入地、虚无变幻的大量虚构的人物和故事中。“寄托忧愤，而少知音，情词凄切。”蒲松龄就这样把不能说的冤屈，把现实中无法解决的矛盾，把无法实现的理想肆意挥洒在花妖狐怪的鲜明形象中，在梦境、天空、冥界等时空中任意穿梭。“鬼狐有性格，笑骂成文章”，“花妖狐怪”的文学形象和故事，成就了中国文言文短篇小说的最高水平，也成就了蒲松龄的永恒不朽。

第二节　当现实的人，变成虚幻的鬼

蒲松龄是个讲故事的高手，他巧妙地把对社会上“官官相卫、贪婪腐败”的官场放置于“阴曹地府”这样的幻想场景中，深刻批判和揭露社会的现实。《席方平》就是这样的经典故事。

席方平的父亲被人陷害，他走上了申冤之路，一路遇到很多贪官污吏，自己也被迫害。历经千辛万苦，他最终找到青天大老爷，终于伸冤成功。如果这样去概括《聊斋志异》中的“席方平”的故事，似乎也可以。但是当我们去阅读席方平的故事，感受却完全不一样。

故事一开始讲席方平的父亲被人陷害就不一样。父亲是被死去的人在阴曹地府陷害，而后父亲惨死。席方平怎么踏上申冤之路的呢？他是“灵魂出窍”，自己的魂魄踏上了申冤之路。故事的一开始就让阅读者有想要一直读下去的想法。席方平（其实是他的魂魄）先后向“城隍”“郡司”告状。却没有想到他们都是贪官污吏，收受了钱财，不但不接受席方平的告状，还责打席方平。席方平又告到了冥府，也就是冥王那里。冥王可是阴曹地府的最高统治者，可是“天下乌鸦一般黑”，冥王更是贪婪而奸诈之人。他先是用金钱利诱，可席方平不为所动，坚持要告。然后，冥王又用冥界最残酷的刑罚处罚席方平：用“火床烤烙”烧焦席方平的骨肉，痛苦至极但又不得死；用“锯解其体”的刑罚，锯断席方平的身体，又“合身来见”，这让席方平痛不欲生。这三次告状，前两次简略描述，重点却写了冥王府的情境。这样让故事有重有轻有主有次，读起来，席方平的痛苦、冥王的凶狠以及官吏富豪上下勾结，毫无公正可言的现象更是让人印象深刻。

蒲松龄所处的清朝时代，是中国社会最后一个封建社会时期。封建社会的统治者对人民的压迫更甚从前，凡是有写下文字对统治者表现出不满的人，就要受到严厉的处罚，这就是“文字狱”。还有当权统治者把老百姓的土地采取抢夺的方式归为已有，这就是当时的“圈地”。贪官污吏横行，人民生活水深火热。《聊斋志异》中的很多故事和《席方平》的故事一样，正是反映了当时社会的黑暗，表达了作者对黑暗社会的不满和控诉。蒲松龄把自己对这个社会的控诉隐藏到虚构的幽冥幻域之境，既深刻又巧妙。

在《席方平》的故事里，蒲松龄也赞美了席方平坚韧的品质。席方平在金钱利诱面前不动摇，在受到残酷刑罚面前先是坚决要上告，后来机智地改变策略上告，最终通过“二郎神”沉冤得雪。二郎神的判词是“金光盖地，因使阎摩殿上，尽是阴霾；铜臭熏天，遂教枉死城中，全无日月”。判词大意是“在这个金光普照的世界里，冥王界却是阴风煞煞，暗无天日；没有公理，只有金钱下的勾结和贪腐，臭气熏天，让冥王界没有一点点日月的光明。”其实这何尝不是作者借二郎神之口掷地有声地控诉这个黑暗的社会呢?

《聊斋志异》里还有类似的一些故事，《促织》就是其中的优秀作品。故事讲皇帝喜欢斗蟋蟀，官府把上交蟋蟀作为任务摊派下去。成名（主人公）也被摊派。成名一时找不到合乎规格的蟋蟀，非常着急。后来得到巫神帮助抓到一只非常好的蟋蟀。结果他的小儿子让蟋蟀跑了。儿子非常害怕，就跳井自杀了。被人们救上来后，在昏迷中，儿子就变成了一只小小的蟋蟀。虽然这只蟋蟀很小，但却凶猛异常，胜过了所有的优等蟋蟀，甚至还打败了公鸡。完成任务后，儿子也醒了过来。故事讲了一个玄幻有趣的故事，但却让人心酸。因为一只蟋蟀就把人逼得家破人亡，九岁的儿子居然变成蟋蟀去为父亲完成任务。这篇文章也是蒲松龄在虚幻的世界里，辛辣地讽刺和控诉了“不务正业”，反而变着方法欺压人民的统治阶层。蒲松龄就这样把想要表达的现实，隐藏在虚构的玄幻世界里。

第三节　当狐妖有了古怪精灵的法术

狐妖是《聊斋志异》中数量最多，形象也最为生动的故事主角。

我们先来看一个故事。王侍御年轻时无意救过一只狐妖。多年后，狐妖为了报恩把自己的女儿小翠送到王家，成了王家傻儿子王元丰的妻子。精彩的故事便开始了。来到王家的小翠最爱做的事情便是“玩”，那可是玩出了各种花样：把球踢出去很远，让傻儿子去捡回来；把傻儿子打扮成唱大戏的，一起演“霸王别姬”“昭君出塞”；还自己装扮成当朝宰相，让傻儿子穿上龙袍，扮成皇帝的模样。外人看来这一对夫妻就是傻里傻气、疯疯癫癫的天生一对。可是，没有想到这样的疯玩，最后却救了王侍御一家。原来，有一位官员一直想要陷害王侍御，就把傻儿子扮皇帝穿的龙袍拿去给皇帝看，并举报王侍御有叛逆之心。当皇帝再看这龙袍时，却发现只是黄颜色的破旧衣服和高粱秸秆做的。原来这只是小翠施了一个小小的法术。结果是那位官员被处罚，而王侍御一家安然无恙。小翠继续在王家尽兴地“玩”。傻儿子洗澡时，小翠用被褥压在傻儿子的头上，居然把傻儿子憋气而亡，还说：“这样的傻儿子，不如没有。”原来，是小翠在治疗傻儿子的呆傻症，并且果真治好了元丰的呆傻。这就是《聊斋志异》中《小翠》的故事。故事中的小翠有着狐妖的特点，她古怪精灵、会法术、会未卜先知。重要的是小翠身上更有善良的人性。她表面看起来调皮淘气，实则机智、真心地“报恩”；表面看起来有时不尽情意，但实则处处情深义重。她还为元丰的母亲责打元丰而伤心不已。她在离开王家后，元丰思念成疾时再见元丰，并且为元丰长远思虑，为元丰寻得新妻，重新建立新的家庭。知恩图报的狐妖小翠比人世间的人类更知情谊。

《婴宁》也是一个美丽的故事。美丽幽静、开满了鲜花的世外桃源养育了“容华绝代，笑容可掬”的花一般的女子——婴宁。婴宁是狐妖所生，被鬼母养大的女子。她的最大特点就是爱笑。花一般的女子笑起来一定如花一般的美丽、纯洁、灿烂。当书生王子服鬼使神差般走到深山之中，找到婴宁之家时，有婴宁惊讶之间的“含笑拈花而入”；有进入婴宁之家两人正式行相认之礼的婴宁的“笑不可遏”“忍笑而立”“笑，不可仰视”、行礼出门后的纵声大笑；有花园两人偶遇独处时，婴宁在树上的“狂笑欲堕”和下树后“笑又作，倚树不能行，良久乃罢。”一直写到婴宁与王子服结婚行新婚礼时的“笑极不能俯仰。”婴宁又乐于助人，与邻女少妇相处和睦，孝敬王子服的母亲，为之解忧消愁。对于家中地位低下的婢女她倍加爱护，常常去向婆母为犯错的婢女们请求原谅，免予对她们的惩罚。可见婴宁虽然是狐母所生，鬼母抚养成人，但是却秉性善良纯洁，性格自然乐观开朗，真是一朵盛绽的花。在蒲松龄笔下的狐妖就是这样，和当时人世间的一般女子不一样，乐观爽朗直率又透着古怪精灵。当然她们还因为是狐妖的缘故，一般都会有一些常人没有的本领，但是她们身上却有着人类最重要的特征，那就是美好的情感。

有人对《聊斋志异》进行过统计，在蒲松龄笔下有十九种动植物成妖成精与人共生活的故事，但是写狐仙（妖）的就有八十三篇。狐，在中国的几千年历史中，是一种与人联系最为紧密的动物。通过现在的影视剧，大家最为熟悉的莫过于《封神演义》中，狐妖变身为妲己迷惑纣王的故事。也许大家并不熟悉的是，在中国古代还有很多赞美狐仙、狐妖的故事，在上古神话传说中就有涂山氏、纯狐氏等狐的世界。传说大禹治水时，大禹所娶的妻子涂山氏就是九尾狐仙。有文字记载，上古时代的“青丘”是“常为神狐所穿穴”，也就是青丘是神狐的居住地。也许我们可以推断，上古时候应该有很多以“狐”为图腾的部落。狐在中国人心中有重要的地位。无疑这些文化都影响着《聊斋志异》的故事。

蒲松龄笔下除了狐妖，还有一些花妖、女鬼的类似精彩故事，如《葛巾》《香玉》《聂小倩》等。落魄书生蒲松龄就是这样把自己想要追求的美好生活，寄托于花妖狐怪的故事中。

第四节　当书生遭遇魔幻现实

《聊斋志异》中的故事也可以说成是书生的故事（故事中大多以书生为主要角色），写尽了书生的各种酸甜苦辣。

《叶生》故事中的叶生是一位才华横溢的书生，受到县令丁公的赏识，但是却和作者蒲松龄一样不能凭才学考取功名。一次参加功名考试，叶生落榜了没有考中，然后病倒了。丁公欣赏叶生的才学想要带叶生一起北上进京，一直等待叶生病好。终于叶生赶过来与丁公一起回家。叶生一直教导丁公儿子并助其考取功名。丁公感叹："你的贤才被埋没了呀！"可叶生却说："读书人能得到像你这样的知己，没什么可遗憾的了。"这就是蒲松龄笔下的书生，有着"知恩图报""士为知己者死"的高尚品质。后来叶生在丁公的鼓励下终于考中举人。本来是高兴的事情，故事却在这里发生了意想不到的逆转。原来，叶生在那次落榜后就病倒去世了，跟着丁公并一直教导丁公儿子的居然是叶生的魂魄。叶生回到自己家中，居然不知自己已死。当他知道自己已死，便一下扑到地上没了踪影……这是一个令人伤感的故事。当他时的书生们深受当时科举制度的伤害，却还是一心希望考取功名、光宗耀祖、成家立业，以至于像叶生这样的书生落榜后就"身形消瘦、呆若木偶"承受不住而死去了。最重要的是叶生是很有才学的人，后来指导丁公儿子考取功名就是证明。有真才实学却不能考取功名，等他考中却是死了以后，这真是天大的讽刺。蒲松龄在这个故事的最后抒发自己的感想说："当道无爱才之人，不值得指望！反侧展望，可叹四海茫茫，竟无一容身之所……"这不正是蒲松龄自己的真实写照吗？蒲松龄还说："回首四顾，天下哪里会再有一个丁公出现，让人生死跟随呢？"像蒲松龄这样的书生是多么希望有能欣赏自己的知己呀，心中的孤独与苦闷都只能在故事中呐喊。

《连城》故事中的书生乔生也很有才气，虽穷困潦倒，家徒四壁，但为人却十分仗义，待人友善。他接济已过世的朋友顾生的家人，还变卖自己家产，护送曾器重他的县令的灵柩回故里。后来因为才学得到史举人女儿连城的赏识，乔生也视连城为知己。可是连城的父亲史举人却嫌弃乔生生活贫穷，家徒四壁。不久，连城得了痨病，一病不起，治病需要男子胸口上的肉，用来配药。乔生毫不犹豫割下自己胸口的一块肉，救治了连城。史举人用一千两银子感谢乔生。乔生气愤地说："我之所以不吝啬自己的心头肉，就是为了报答我的知己，你现在给我银子，那我岂不是成了一个卖肉换银之辈吗？"说完拂袖而去。几个月后，连城旧病复发去世了。乔生痛哭不已也死了。又经过很多坎坷，最后他们终于"还阳"——死而复生，并且喜结连理，有情人终成眷属。这就是《连城》中的书生乔生的故事。

《聊斋志异》故事中的书生们，大多数不仅才学优秀还品德高尚。他们追求道德的自我完善，他们具有悲天悯人的高尚情怀。他们视钱财如粪土，他们坚守"士为知己者死"的信条。他们代表了社会道德的最高水平，但他们又往往出身贫寒或者家道中落，生活贫困，而且得不到统治者的欣赏，都是"怀才不遇"之人。不过蒲松龄寄希望于书生们在现实中无法实现的愿望，能在故事中实现。所以很多书生总是得到花妖狐怪的帮助，并得到幸福的生活。

讲书生的故事就是讲蒲松龄自己的生活，"怀才不遇"的蒲松龄自己终究穷困潦倒，孤寂一生。他的那些美好愿望只能幻想在自己虚妄的故事中实现罢了。

第十课　“南袁北纪”：说古道今多讽喻

第一节　误入羲之洗砚池的大才子

纪昀就是几乎家喻户晓的纪晓岚。关于他的故事有很多，在民间流传着这样一个南巡中的故事（纪昀曾经多次陪同乾隆皇帝南巡江南）：他们看见一只白鹤长啸一声飘然飞过。乾隆兴趣来了说：“纪爱卿，朕要你以此鹤为题，作诗一首助兴。”纪晓岚哪敢怠慢，上前吟道：“万里长空一鹤飞，朱砂为顶玉为衣。”刚吟到这儿，乾隆灵机一动，指着远去的黑点说：“纪爱卿，你说错了，那鹤明明是黑色的。”纪晓岚接着吟道：“只因觅食归来晚，误入羲之洗砚池。”乾隆和众大臣一听，都为纪晓岚的灵活机智赞叹不已。这个传说既说明了纪昀的才学与机智，也基本呈现了纪昀用自己的满腹才学，陪侍皇帝游玩和陪衬皇帝文采的官场生活。

纪昀是清朝乾隆皇帝时期的大才子，为人幽默风趣，机智聪敏，学问通达，正直廉洁，曾受皇命编撰《四库全书》。《四库全书》是在乾隆皇帝的主持下，由纪昀负责统揽编撰，前后共用360多位高官、学者编撰，3 800多人抄写，耗时十三年编成的一部涵盖“哲学、文学、历史、政治、算术、医学、自然科学、技术科学、气象、美术、音乐……”的庞大的学术全书。《四库全书》共收录3 462种图书，共计79 338卷，36 000多册，约8亿字。是中华传统文化最丰富、最完备的集成，几乎所有学科都能从中找到源头和血脉，对后世的学术研究起到了重要作用。因完成《四库全书》编撰这个浩大的工程，纪昀被皇上提拔。他先后任兵部尚书、礼部尚书、协办大学士等官位颇高的官职。表面看起来，纪昀风光无限，事实上，他虽在高位却无法行使什么实际权力，只因为他的才学被乾隆皇帝留在身边成为御用文人而已。他与乾隆皇帝之间形成一种微妙的契合。作为文人的纪晓岚可以在悠长深远的学界酣畅地遨游，皇帝则可以用他这样的文学侍从来标榜文治。虽说在皇帝的安排下，纪昀编撰了浩大且很有学术研究价值的《四库全书》，成就了纪昀人生的辉煌与流芳百世，但其实质还是皇帝宣扬自己文治武功的一种手段。纪昀自己曾这样评价自己"浮沉宦海如鸥鸟，生死书丛似蠹鱼"，这完全是对自己官场沉浮的总结，可谓壮志未酬。

纪昀在官场待了五十余年，有后人评价他"纪文达公昀，喜诙谐，朝士多遭侮弄。""纪昀胸怀坦率、性好滑稽……"有这样一个传说故事，讲的是贪官和坤新修了一座竹园，知道纪大才子墨迹珍贵，便要他题字留念。纪昀略加思索，挥笔在纸上写了"竹苞"两个大字。和坤赶快让工匠刻成匾额，悬挂在亭台上。一天，乾隆皇帝来游园子，见到亭台上"竹苞"的匾额，忍不住哈哈大笑起来："好一个纪晓岚。这竹苞二字，拆开来不就是个个草包嘛！"虽然这只是个民间传说，但我们也可以从中看到老百姓希望纪昀这样的人，用他的才学和机敏去"侮弄"像和珅这样的贪官的良好愿望。纪昀也在自己的《阅微草堂笔记》中借故事表达了自己对当时社会上诸类丑恶黑暗现象的谴责，以及对老百姓的赞扬与同情。

《阅微草堂笔记》是在纪昀基本完成《四库全书》编撰后开始创作的。《四库全书》这项工作完成后，已经六十多岁的纪昀有了相对自由的时间，于是他开始了"追录旧闻，姑以消遣岁月"的日子。我们好像看到了一位经历了与帝王共事的压抑日子的老年纪昀，咂吧着大烟袋，用诙谐、质朴的语言向我们讲着故事，讲"狐鬼神怪"、讲"劝善惩恶"、讲"因果报应"，看似云淡风轻，却也自然妙远。他写王公贵族、豪门富商、恶霸地主依仗权势横行不法的故事，批评贪官污吏富商豪强的不法行径；他写封建士大夫阶层的矫揉造作，故作风雅之态的不良作风和恶习，令人生厌，俗气逼人的故事，讽刺虚伪的卫道士们；他写普通老百姓大智大勇，以正气和智慧战胜邪恶的故事，赞扬普通老百姓的勤劳质朴和胆识，并对当时的民间疾苦寄予很深的同情……《阅微草堂笔记》不只讲故事，纪昀还会对故事加上自己的议论和评述，融记叙和议论为一体，以从容自然的口吻娓娓道来，内容丰富多样，语言质朴淡雅，风格亦庄亦谐。其文体简约、笔法凝炼、语言精湛，在清代大量的小说中独树一帜，与《聊斋志异》齐名，被称为“双璧”。

第二节　写一个故事，给读者一点哲理

纪昀一直强调小说要直述见闻，信而有征，记事简约，粗陈梗概即可，不可随意装点。也就是说，小说只要客观地叙写事物的情状而避去心理活动、人物对话等就可以避免“失真”的弊病。小说要“寓劝戒、广见闻、资考证”，为了让人确信，可以通过这样的表达方式，即：述自身见闻，便言之凿凿，转述他人见闻，便录某公所言，且表明故事发生于某朝某年某月某日，首尾齐全。

我们先来看一个故事。“我（纪晓岚）认识的胡御史、胡牧亭先生讲过这么一个故事。说是在他的家乡，村子里有一户人家养了一头猪。这只猪很怪，只要一见到邻居家老者，就会瞪大猪眼，呲牙狂叫着，四蹄跑跳蹦跃，恨不得要咬那个老者。老者每次都是唯恐躲闪不及，非常尴尬。可怪就怪在这只猪见了其他任何人也不这样，都是很温顺的样子。开始这个老者很是生气，想把这只猪买下来，杀了吃肉。但后来想了想，忽然悟道：这不是佛经中说的宿怨，怨缘吗？我不可再结恶缘。佛说世上没有不可解的冤怨，我还是善解了吧。于是，他花了一笔好价钱从邻居手中把这只猪买了下来。然后把它送到附近的佛寺里去，做长生猪，来孝敬佛祖。谁知道，这以后，这个老头再去佛寺，或是在哪里再遇到这只猪，它竟然

一改常态，不仅不再怒目呲牙，反而跑过来在他身边，低头拱首，耳朵贴着老者的身子，亲昵地蹭来蹭去，十分感激的样子。”这个故事没有夸张的描写，也没有“语不惊人死不休”的精心刻画，但是我们却感受到一种平易近人的自然与朴实。故事的来龙去脉交代得清清楚楚，文字简洁明了，读起来轻松自然。故事的最后，纪昀还用一幅《伏虎应真图》上的题词对这个故事进行了评述。大意是“道行广大的人骑着猛虎，如同驾御良马一般。难道是这虎它本来就是驯良的吗？不是，而是道的力量化解了它的凶性。由此可知天地之间，一切怨情都可以善解。只要能够至诚相处，大家都可以成为好朋友。而不是互相猜忌甚至敌对。”

《阅微草堂笔记》还讲了这样一个故事。“沧州的孝廉刘士玉，有一间书房被狐狸精占据。白天和人说话，扔瓦片石头打人，但是别人看不见狐狸精在哪里。知州平原人董思任，是个好官，听说了这件事，亲自去驱赶狐狸精。正当他大谈人和妖的不同之处时，忽然听到屋檐下有人大声说，你是个好官，爱民不贪污，所以我也不敢打你，但是你爱民只是图个好名声，不贪污只是怕有后患而已，所以我也不怕你。你就别说了，不要再多说自讨麻烦。董知州狼狈而回，好几天心里都不痛快。刘孝廉有个女佣，粗鄙蠢笨，就是不怕狐狸精，狐狸精也不打她。有人跟狐狸精对话的时候问起这件事。狐狸精说，她虽然是个下人，却是个真正的孝顺妇女，鬼神见了都要收敛躲避，更何况是我。刘孝廉就让女佣住这间房，狐狸精第二天就走了。”纪昀通过这个故事告诉我们“人要有善良的好品行，妖魔鬼怪都要躲避”的道理。我们也能感受到纪昀“不屑描绘人物呈现出的夸张与变形的想象和细节，只凭忠厚的劝世之心记录见闻”的写作主张。

纪昀的《阅微草堂笔记》就像寓言故事一样简约有趣，朴素自然，但又“劝恶扬善”寓意深远。

第三节　接地气的百姓故事

纪昀为官五十余年，对社会的认识显然有着高人一筹的见解。他用自己几十年的人生阅历中对世间的认识，通过简单明了的故事去引导普通的百姓理解体会其中的哲理，从而达到教育启迪人们的目的。

《阅微草堂笔记》有很多这样的小故事。“一家有空屋五间，在他居住相邻的另一个院子里，一时住不着，就用来放杂物。周围的小孩都喜欢进去玩，跑跳吵闹，搞得这家人很烦。于是多次禁止这些小孩入内，但这些小孩仍偷偷地从墙头翻进去玩。实在没有办法了，这家人贴了一张纸在门上，写道：这个房子是狐仙住的地方，你们不得入内扰乱清静。想借此来吓唬一下这些儿童，不让他们再进来。没想到几天后，夜里听到窗户外面有人说话：非常感谢您的邀请，现在我已住进来了。请您放心，必当为您好好守着这个院子。从此以后，每当有人进入这个院子，就被砖瓦打出去，就连那些搬运杂物的佣人也不敢进去。因为长时间不整治，这个院子就荒芜坍塌了，狐仙才离去。这就是所说的妖是由人引来的。孔夫子说的敬鬼神而远之，真的是非常有道理的。”这个小故事与“世间本无事，庸人自扰之”的道理是一样的，世间不是有很多这样的人吗？本没有什么事，自己总觉得有事或者自己反而找出许多麻烦来。

有这样一个有趣的短故事。赵庄有一对佃户夫妇，夫妻感情特别好。老婆的脾气蛮温柔的，也不怎么大吵大闹，只跟老公开玩笑：“要是你不爱我，而是爱那个狐狸精，我就上吊自杀。”第二天，老婆在田地里的时候，遇到一个巫师。这个巫师有阴阳眼，能看到鬼怪，看到就惊讶地喊道：“你后面怎么跟着一个吊死鬼啊！”她这才知道，就算是言谈之中的一个玩笑，鬼也能听到。横死的人是一定要找到替死鬼才能投胎转世的，也不知道阴间的法律为什么要这么制定。可能是厌恶那些人轻生，不让他们很快地再次获得生命。这样让世间的人知道了，不敢轻生。不过这样呢，也会导致弊端，我听说有吊死鬼引诱人自杀的。所以天下的事情总是有利有弊，神仙制定的法律也避免不了这一点。纪昀通过这样的故事，告诉百姓不要轻易拿生命来开玩笑，生命是很可贵的，要格外珍惜。

我们再来看一个故事：青县一个普通老百姓的家里一天发生了怪事。大年三十那天，有人呼呼地敲门，出门一看，原来是一个卖花的人。那卖花人说道："我在这里等了很久了，怎么还不把买花钱送出来啊？" 他就感到很奇怪，去问家里人，家里人都说没人买过花。而卖花的人则坚持说，有一个年轻的女孩子曾经买了几朵花，而且就进了这家人的门。正在吵闹的时候，家里一个老婆婆突然叫唤起来了："厕所里的扫帚柄上，插了好几朵花！这可太奇怪了，没人动过它啊！" 把扫帚拿过来一瞧，上面插的花果然是卖花人卖出的那几朵花。大家惊恐之余，就把它给烧了。烧的时候，扫帚发出了呻吟的声音，还流出了血！ 这个妖怪既然都已经能够变化成人的样子了，可见修为已经到了一定的阶段，为什么不继续修炼呢？为什么要变幻成这个样子，让人知道它已经成精了，把它给烧了呢？真是自找的。不过天底下有的是人做事情没做得怎么样，倒先到处炫耀，不懂得韬光养晦，倒是跟这把扫帚挺像的。这个故事不是在提醒人们不要自以为是地炫耀自己，而要学会韬光养晦，才是做人之道吗？

纪昀在小说创作中一直提倡"著书者之笔"而非"才子之笔"。他说小说的语言要"简淡数言，自然妙远"。所以他的故事一般都很简短，但又因为他的语言功力很深厚，所选择的故事又很有深意，所以读起来既轻松又有哲理的启迪，这就是"自然妙远"之功。

第四节　奇闻轶事的幽默表达

袁枚是浙江人，也是和纪昀同时代的人。他是清代著名的诗人、文学家，在乾隆时代与纪昀一起成为了皇帝的御用文人，被并称为“南袁北纪”。他把自己创作的笔记体小说取名为《子不语》，是取意于《论语》所谓“子不语：怪、力、乱、神。”这句话在《论语》中的意思是“孔子不愿意谈论怪、力、乱、神之类的东西，敬鬼神而远之。”而袁枚偏偏取了这么一个名字，而且就是要讲怪力乱神的故事，也是他对所谓假儒学、卫道士的不满表达。袁枚在自序中说，这是他从事文史之余“广采游心骇耳之事，妄言妄听，记而存之”的自娱之作。全书并无明确的思想倾向，只是记录了许多奇特怪异的传闻故事，但作者诙谐而放达的性格和反对旧传统的思想，仍时时有所流露，如嘲讽假道学和腐儒、主张人欲合理等，对官吏的贪暴也多有讥刺。

我们在这里选择几个故事来读一读。

刑部郎中闵玉苍的表弟李某，平生不吃牛肉，他以为这样可以将做官的时候所做恶事一笔勾销。李某死后被带到冥界，冥界的判官驳斥他道：“这就是所谓‘恩足以及禽兽，而功不至于百姓’。你不食牛肉，为什么单单食人肉?”李某极力否认说自己并未吃过人肉，判官进一步批判道：“民脂民膏，就是人肉。你作为贪官，食千万人之膏血，而不食牛之肉，细想这点小善能够抵消大罪吗?”闵玉苍知道李某平素念诵《大悲咒》，为阴司所最重，于是写了“大悲咒”三字在掌上给他看。李某竟然十分茫然，一个字也背不出。这个故事简短而有力，抨击了不顾老百姓死活，搜刮民脂民膏的贪官污吏。有意思的是这位姓李的贪官平时不吃牛肉，还一本正经假念《大悲咒》，关键时刻又念不出来。明明是贪官污吏还要穿上伪善的外衣，着实可恨。

还有一则关于土地神的故事。土地神生前是钱塘张望龄的同学，姓顾。有一天，土地神去看望这位身患重病的张望龄。张望龄仔细端详顾同学，看他衣衫褴褛，面黄肌瘦，心想他是为了自己的事情来的，应该加以酬谢，便拿出钱来送给他。但顾同学拒绝接受，对他说："我现在是本地的土地神，因为地方清苦，我又素讲操守，不愿意作威作福，所以终年也没有香火供奉，虽然是土地神，但也往往受饿。不过，如果是非分之财，就算是故人所赠，我也绝不接受。"张望龄大笑，跟他拱手作别。第二天，张望龄的病就好了。他准备了很多祭品，供奉给顾同学。当天晚上，张望龄又梦见顾同学来向他道谢："人要是得到一顿饱饭，能管三天的事；鬼要是得到一次供奉，能管一年。今天幸亏得到您的帮助，想来到年底考核这段时间，我应该可以捱得过去。希望到时候能提升我的官职，也就不怕挨饿了。"张望龄问道："像你这样的清官，为什么不能立刻就升任城隍呢？"顾同学苦笑了一声："会应酬的，自然提拔得快一些；不会应酬的，只能等到考核了。"读着这样的故事，我们就像在听袁枚给我们自然轻松地摆龙门阵，但最后的部分却让人感叹不已。原来这位土地神"讲操守、不作威作福、不接受非分之财且不会应酬"，所以一直不能提拔。这不是对现实的讽刺吗？

袁枚创作《子不语》基本上是出于自己的兴趣，记录奇闻异事也多是为了娱乐的需要，为自己和读者都提供轻松的消遣。所以与《阅微草堂笔记》劝恶扬善的目的并不一致，也有很多只为消遣娱乐但也滑稽幽默的小故事。或许正是这种没有任何目的或功利的想法，反而使《子不语》这部笔记体小说呈现出自然不雕饰的特色。正如鲁迅所说，《子不语》"屏去雕饰，反近自然"。

第十一课　《浮生六记》：自传体小说的真情表达

第一节　笔记小说的抒情长卷

《浮生六记》是清朝人沈复所著的一部自传体的、具有散文化特点的笔记体小说。沈复以直率平实的语言回忆与妻子陈芸生前的居家乐事，写出了夫妇之间真挚的爱情，琴瑟和鸣，伉俪情深。后来，沈复仕途坎坷家族不喜，家中贫穷生活艰难，但夫妻依然情深意切。这夫妇之间的真情令人感动，不幸的是陈芸红颜薄命病重而亡，沈复漂泊各地生活在回忆之中。《浮生六记》文辞朴素，情感真挚，读之令人心醉。

沈复的妻子陈芸还在孩童时就灵秀聪明，可以很轻松地背诵《琵琶行》，写过“秋侵人影瘦，霜染菊花肥”这样的妙句。作者与之一见如故，两小无猜，很早就定下了“非陈芸不娶”的誓言。二十多年过去了，作者对妻子年少时的回忆没有因为时间而减退，反而愈加清晰。“只有芸穿得一身素淡。上身穿了件领口有点磨破但很整洁的青花对襟袄，下着靛蓝色百褶裙。身上唯一崭新的，是她脚上的鞋子而已。鞋面上若干雏菊，粉蓝为底鹅黄为蕊，鞋口上打了一个粉蓝花结，绣工精巧非常……在女子的脂粉堆里，芸的通身素淡，显得更典雅素洁……”“芸见状，暗地里牵了牵我的袖子，示意我跟她走。我随她到了她自己的房间，见到桌上备好了小菜，暖阁里温着清粥……” 所谓“情人眼里出西施”，因为用心用情，所以陈芸的每一个细节都历历在目并令人心旷神怡，从此在作者眼中再无其他女子。

沈复与陈芸，终于花好月圆结为伉俪。“自此两人耳鬓厮磨，亲密如同形影，彼此爱恋的情感之深，实在难以言语表达。”一个月后沈复因为继续学业的原因短暂离开陈芸，“心中甚是惆怅，担心芸会当众哭泣，芸却强颜欢笑劝勉我，并为我收拾行装…… 告别之时，芸近身细语说：‘离家之后，无人照料，凡事要多加小心。’待我登上行船，解开缆绳，正是桃李争妍的春日，我却神色恍惚如同失群之鸟，天地颜色都变了……”心中满是牵挂和不舍。在外地，作者“每当院中风吹竹林，月照窗外芭蕉，我都因此想到与芸相处的往日，梦魂颠倒。”在得知可以回家时“我内心欣喜，如同戍卒得到赦免归乡。”“登船后，又觉得一刻如一年般缓慢。”再次与陈芸相见“两人双手相握，一言不发，然而两个人的魂魄恍惚之间化为了烟雾，只觉得耳中惺然一响，连身体在哪里也感觉不到了。”沈复与妻子陈芸完全沉醉于二人相互依恋的世界里，外面的世界似乎与他们无关。他们一起谈文说诗，司马迁、班固的恢弘博大；欧阳修的跌宕有致；杜甫之诗锤炼精纯，李白之诗潇洒落拓；他们谈赋的源头《楚辞》，司马相如的格调高古……在作者的心中“人世间的欢乐，也不会超过如此情景吧。”沧浪亭游园、夏夜赏月、篱笆种菊、水上对诗，在七夕共拜织女，立下“愿生生世世为夫妇”的志愿。如作者自己所说：“我们夫妇像古人梁鸿与孟光一样，相敬相爱，一起生活了二十三年，时间越久情感越深。”

在知己知心的一对恋人面前，那些世俗的眼光、生活的窘迫似乎都被抛到九霄云外。夏夜、清风、池塘、蝉鸣是最美的景，谈诗、说话、对酒是最美的情。“景为情生”“情深意切”是《浮生六记》最好的注脚。

第二节　赞颂女性的唯美之书

著名学者林语堂先生说：“芸，我想，是中国文学中最可爱的女人。”陈芸的可爱之处在于，在一个女子无才便是德的时代，她生而颖慧，幼时即能成诵《琵琶行》，还自己学会吟诗作对，对于诗歌，有自己独特的见解。她的可爱之处还在于，她贤淑能干，懂插花、叠盆景、焚香、画虫草，还自己设计出活花屏和梅花盒（梅花盒很漂亮精致，是一种食盒，形如梅花，内中置五六只瓷碟，装上饭菜，如装于花瓣中）。陈芸还曾女扮男装，同沈复一起参加庙会，陪着沈复与文友对酒谈诗。才子佳人，情趣相投，按理说他们应该是很幸福的一对伉俪，但是在那个封建意识和压迫极其强烈的清朝社会里，他们的结局注定是悲剧。

沈复的父亲知道陈芸会写字后，就让她承担起代笔写信的任务，后来“家中偶尔有些闲话，我母亲怀疑芸在家信中叙述不妥当，便不再让她代笔。”可是父亲却以为陈芸不愿意代笔写信。这本来是一个可以说清楚的误会，但陈芸却说：“宁可被公公责骂，千万不能被婆婆不喜欢啊。”还阻止沈复申辩。那时的封建礼教是不允许后辈去指责前辈或者向前辈申辩的，只能无条件服从。这就是所谓的“父为子纲”。陈芸也是深陷这种教育之中。再加上后来陈芸为小叔子担保借钱，但小叔子不认等事情的发生，误解越来越深。为恪守妇道，陈芸不但受到婆婆的压迫，还受到公公的误解，却默默承受着这一切，以至于被父亲赶出家门，夫妇的生活更加艰难。再后来，陈芸得了“血疾”，在生命的最后时刻陈芸说出了自己的哀伤：“我的病……悲伤太过所致……平时又太过多虑，满心希望努力做一个好媳妇，却不能如意……”一个面对封建礼教无力抗争的女子，终是无法实现自己与沈复的“一生一世”的承诺。“回忆我跟你二十三年……不因我的执拗任性而抛弃我。得知己如你，我已经此生无憾。回忆昔日，有布衣之暖，菜饭之饱，一室和睦……总之是因为你太多情，而我今生薄命。”面对封建礼教的压迫无力以对的陈芸只能认命“薄命”，而沈复也无能为力，只能看着心爱的人离去。经历生离死别的沈复从此开始了自己的流浪漂泊的生活，一直生活在美好又悲伤的回忆之中，并最终不知所踪。

从《浮生六记》中我们可以看出，作者沈复对于功名利禄并不是很重视，更在乎的是清淡、娴雅、情致的平常生活。身为文人，在那个以获取功名为唯一衡量一个男人成功与否的年代，他没有取得任何功名，虽然满腹才学但一生坎坷。他与妻子陈芸志趣投合，情感深厚，愿意过一种布衣素食而从事艺术的生活，却因封建礼教的压迫和贫苦生活的磨难，虽伉俪情深，至死不复，但始于欢乐，终于忧患，漂零他乡，悲切动人。也因为深深的爱恋，作者沈复与妻子陈芸生活中的点点滴滴都是真切的爱。“情到深处自然浓”，沈复就这样让文字从自己的笔端自然地流淌而出，情意绵绵，毫无雕饰。

作者沈复的前半生，与陈芸在一起的时光虽短暂，但很欢乐，美好。但相比较他后半生坎坷游历，那些欢乐的时光便如梦境一样虚幻飘渺，昙花一现。浮生若梦，为欢几何？

第三节　明清笔记的生活描写

如果说《浮生六记》是作者沈复为自己和妻子的真挚情感的百姓生活留言，那么有很多明清时期的笔记故事则是为普通老百姓中的能人异士立传。

明朝时期的张岱在自己的著述《陶庵梦忆》中描述了说书艺人柳敬亭的精彩艺术。文中先简单介绍了柳敬亭一天只说一个回目，且要一两银子，约他说书的，十天之前就得把书目和定钱送去，还常常请不到。简单一句话，就把柳敬亭的身价和紧俏说得一清二楚。然后，作者比较详细地描绘了柳敬亭的说书艺术。“说书时高昂的声音像大钟轰鸣一样；说到关键的地方，呼喝叫嚷，那声响几乎要震坍房子。”“武松到酒店喝酒……猛然大喝一声，整个店里的空缸空坛都被震得嗡嗡发响……”“情节当快就快，该慢就慢，声音当轻就轻，该重就重。一呼一吸，高低抑扬，无不合情合理，绘声绘色，感人肺腑……”张岱的这篇笔记故事，运用了生动活泼的语言，勾勒出柳敬亭的形象，介绍出他说书的精湛技艺，使读者好像不但看到了柳敬亭，听见了他说书的声音，而且也看到了他所说的书中人物。

清朝时期的《虞初新志》中记载了一个故事。我们先来看看文中的描写“只听见远远的深巷里一阵狗叫，一个妇人从梦中惊醒，打着呵欠，伸着懒腰，丈夫却在一旁说着梦话……孩子啼哭着，丈夫厉声呵责孩子，妇人用手拍着孩子……”“小孩子迷糊着睡了，丈夫的鼾声响起来，妇人拍着孩子的手也渐渐拍一会儿停一会儿……微微听见老鼠窸窸窣窣地寻找东西吃，盆碗给弄得歪倒了。妇人在梦中咳嗽……”“突然之间，有个人大声喊道：‘失火了’……成百上千的人都在呼叫，成百上千的小孩都在哭喊，成百上千的狗都在狂吠……噼里啪啦房屋倒塌的声音，烈火燃烧着爆裂的声音，大风呼呼刮着的声音……”以及成百上千人求救、抢夺物件、泼水的声音都在几乎同时段爆发出来。如果只读这些描写你一定会看到一个个鲜活的百姓生活画面，并以为这是在讲一个关于夜里失火的故事。文中的结尾却写道“忽然抚尺一下，众响毕绝。撤屏视之，一人、一桌、一椅、一扇、一抚尺而已。”原来，这只是一个口技表演者的杰作。一个人竟然通过精彩的口技，表现出如此丰富的社会场景。作者还描写了观众的反应。在家庭里的各种声音传出时：“满座宾客，无不伸颈、侧目……”在失火的惊恐场面出现时：“宾客无不变色离席，奋袖出臂，两股战战，几欲先走。”作者确切而真实地抓住口技表演者的声响、听众的神态，描绘出当时表演的全部内容，巧妙生动。有了这篇精彩的笔记故事，我们才知道了当时还有技艺如此精湛的口技表演者，并永远记住了这位不知道姓名的民间高人。

明清时期像这样描写百姓中的奇人奇事的笔记故事还有很多。比如《南宫生传》中好打抱不平、有胆略，诗书字画、兵法武功无所不能的南宫生；《阿留传》中有绘画天赋的家童阿留；《核舟记》中巧夺天工的雕刻大师王叔远；等等。明清时期的笔记故事为我们记载了那些在官方史籍中看不到的普通百姓中的能人异士，呈现了当时社会生活的千姿百态。

第四节　百姓英雄赞歌

清朝末年，朝廷腐败。当时的清朝统治者对外国侵略者采取了投降路线，屈服于当时的西方列强，陆陆续续签订了一系列不平等条约。这样就更激起了广大人民的愤恨，纷纷起来反对帝国主义及其走狗，反抗打击侵略者。有许多爱国的知识分子用笔记故事的方式，把这些事件记录下来，成为了中国人民不畏强暴、爱国反帝的历史见证。

《冯婉贞胜英人于谢庄》是徐柯所辑《清稗类钞》中的一个故事。英法侵略者侵入北京，在经过离圆明园十里远的谢庄时，遇到了猎人冯三保带领的谢庄老百姓的顽强抵抗。第一次成功击退侵略者。在大家都很高兴时，冯三保年仅十九岁的女儿冯婉贞却忧虑起来："小股的敌人退去了，大队的人马会来报复的。如果他们携带大炮来轰击，我们的村子不就要被夷为平地了么?"接着，冯婉贞又说："鬼子善于放枪放炮，而不善于剑击刀砍。枪炮利于远攻，砍击便于近战。我们村子方圆十里都是平原，跟他们用枪炮对打，那怎么能取得胜利呢？不如用我们的长处，来攻击敌人的短处，拿着大刀，带着盾牌，敏捷跃进，勇猛扑杀，也许不会失败!"年纪轻轻的冯婉贞知己知彼、深谋远虑、分析准确，找到了克敌制胜的方法。可是，父亲冯三保却不听她的建议。冯婉贞虽叹息但并没有停止拯救大家的脚步。"我一定用尽自己的全部力量，来保卫村子……"于是，她召集了一班会武艺的青少年埋伏在一片深林里。果然，英法侵略者五六百人拖着大炮来报复了。冯婉贞带着会武艺的青少年突然袭击，打得敌人措手不及。当敌人纷纷后退时，冯婉贞大声叫道："敌寇后退，是想开枪打我们，大家快追，不要让他们跑了!"就这样有勇有谋的冯婉贞带着大家共打死一百多名侵略军，敌人始终没法射出一颗子弹，只能匆匆逃走了。一个保家卫国、英勇机智的少年巾帼英雄冯婉贞就这样被后人留存于心。

《广东军务记》中还记载了“三元里抗英”的故事。当清朝官兵在攻打广州的英国侵略军面前纷纷败退之时，广州城北的三元里人民自动组织和武装起来，不畏强暴，奋勇抗击敌寇，爆发了历史上有名的“三元里抗英”运动。“英国侵略军几百个鬼子来到三元里时，村子里用敲锣为信号，集合了好几千人，同鬼子决一死战……把鬼子引到黄婆洞磨刀坑，杀死一百多个鬼子。”其余鬼子狼狈逃跑，但有的被水淹死，有的迷路饿死，没有一个逃脱。后来，三元里一带的村民用敲锣的办法互通消息，闻风响应，不约而同地集合到一起，汇集了一百多个乡的村民，把鬼子包围在炮台里不敢出来。“侵略军头子，望见到处是一片光亮夺目的旗帜，刀戟遍地，山脚下竟有十多万人。”从此，不敢再来生事。这则笔记故事里，没有一个具体的英雄人物，而是通过具体的事情描绘，展现了三元里人民这个群体的英雄形象。读起这个故事来，你会为三元里的人民气吞山河、团结一心，反抗外来侵略者的坚定决心和英勇行为而深深震撼，“豺狼来了有猎枪”，面对侵略者，众志成城的中国人民从来不会屈服。

明朝时期，同样有这样为百姓写赞歌的笔记故事。张溥所写《五人墓碑记》中，就有与明朝奸佞当权统治者魏忠贤斗争的颜佩韦、杨念如、马杰、沈杨、周文元等五位平民英雄，他们在临刑前“大骂奸臣、谈笑自若”，从容就义。在文中的最后，作者写道：“有民众然后有国家，老百姓重于所谓皇权之社稷。”明清时期的笔记故事，用平视的眼光，为老百姓立言立传。在封建社会末期，人民觉醒时代到来了，中国社会将发生天翻地覆的改变。

结语：写给孩子们的话

孩童时，我的外祖父就喜欢给我读小说。记忆中的外祖父戴着高度近视眼镜，还再加上一把放大镜，用四川话给蹲在一旁的我读《三国演义》。后来，外祖父陆陆续续给我读了《水浒传》《西游记》等明清著名小说，依稀还记得外祖父说过“真三国、假水浒、提起西游笑死人”的俚语。现在想起来，这俚语倒也或多或少说明了历史演义小说、英雄侠义小说、神魔小说的特点。从那时起，我就喜欢上了那里面的英雄人物。我们那时生活很简单，几根竹竿就可以玩上一整天。用板凳当大马，用竹竿当亮银枪，嘴上大喊“我乃常山赵子龙”……当然啦，免不了有时会受些皮肉之苦，然而我们更乐在其中。可以说，是明清小说给了那个年代的我们童年的欢乐与美好记忆，也让儿时的我们从小就有一种“英雄情结”。后来，自己阅读了《说岳全传》《杨家府演义》《三侠五义》等小说，经常为岳飞被害、老令公与儿子惨死伤心不已，对奸臣痛恨于心，更明白了“侠之大者为国为民”的道理。明清小说陪伴了当年很多的孩子成长。

四个多月以来，我一直沉浸在反复阅读明清小说的和资料的收集整理之中。越来越觉得明清小说是中华文明史上一座了不起的宝库。明清时期的小说，无论是创作规模之大、题材领域之广、反映现实之深，还是思想内容之丰富、人物形象之丰满、艺术技巧之精湛，都达到了前所未有的境界。作为教育工作者的我一直在想，怎么把这些小说介绍给孩子们呢？想起外祖父给童年的我读书的情境，最后确定还是以讲故事的方法介绍给你们。也尽量选取具有各种特点的、适合于你们阅读的小说，并且根据小说特点也各自选取了一些不同的角度讲给你们。比如，《水浒传》的细节、《西游记》的想象、《红楼梦》的形象、《三国演义》的历史画卷、《聊斋志异》的故事讲述、《儒林外史》的讽刺、《镜花缘》的漫画手法等。主要引发你们从不同的角度去阅读的兴趣，希望你们能从中有所收获并爱上明清小说。当然，由于历史的局限性，明清小说也有很多糟粕。比如，那时的作家们认识不到封建社会的腐朽，虽然反对与讽刺贪官污吏等不良的社会现象，但还是寄托于“青天大老爷”“圣明的皇帝”等来改变社会的不现实的想法。又比如，有些作品为了追求吸引人，描写过于血腥和残暴，读起来让人毛骨悚然……

在阅读明清小说时，希望你们一定要联系现在的生活。比如，你们一定希望自己成为英雄，但希望你们对英雄的理解不要狭隘了，不要以为英雄就是“天不怕、地不怕”。一定要明白真正的英雄是那些为国为民作出贡献的人，所谓“侠之大者为国为民”就是这个道理。研发出“两弹一星”的钱学森、邓稼先，“水稻之父”袁隆平，那些为国争光的“航天飞行者”，那些在抗疫战线的医护工作者都是我们新时代的英雄。也希望你们借阅读小说联系自己当前的学习，比如《西游记》的想象、《水浒传》的细节、《红楼梦》的形象等描写一定会让你受益匪浅。还希望你们能汲取明清小说中的文化营养，去其糟粕，感受中华文明的博大，为自己是一位中国人而自豪。